IT´S ONLY me
JULIA BOTTAR
bekannt von Instagram

Happy FAST FOOD Express

Schnelle und einfache Rezepte
zum Abnehmen und Schlemmen

riva

Inhalt

57 Unter 30 Minuten

Vorwort

Vielen Dank, dass du dich für mein Kochbuch entschieden hast. Es erwarten dich köstliche, einfache und schnelle Rezepte für deinen Alltag. Durch meinen Abnehmweg weiß ich, dass gesunde Ernährung oft zu kurz kommt, weil viele Rezepte aufwendig sind. Auch schmecken die Gerichte, die wir eigentlich nicht essen sollten, viel zu gut. Daher kombiniere ich in **Happy Fast Food – Express** beides: 60 superleckere, kalorienarme und vor allem einfache Rezepte, die der ganzen Familie schmecken. Denn Abnehmen darf gut schmecken!

Ich hatte meine eigene Abnahme sehr lange vor mir hergeschoben, weil ich immer dachte, dass mir das kalorienarme Essen nicht schmecken würde. Klar, als Kind schon hieß es immer, »Iss das, das ist gesund!« – gerade bei Dingen, die ich nicht so lecker fand. Also verknüpfte ich: gesund = nicht so meins. Als mein Gewicht allerdings langsam, aber stetig nach oben ging und ich irgendwann die 100-kg-Marke knackte, war mir klar, dass ich meine Ernährung umstellen musste. Was sich erst als Nachteil anfühlte, wurde zu meinem Vorteil – ich liebe Essen!

Ich hatte mich schon seelisch darauf eingestellt, die nächsten Wochen durch die kulinarische Hölle zu wandern, aber dann kam mir die Idee. Ich habe leckere »Dickmacher-Gerichte« genommen, ein paar Zutaten geändert und kann mich also so ähnlich wie früher, aber gesünder und kalorienärmer ernähren. Durch diese Umstellung nahm ich über 30 kg in unter einem Jahr ab und halte seit 2016 mein Gewicht, und das ganz ohne Sport. Meine Rezepte teile ich seither in Social Media und habe schon mehreren tausend Menschen beim erfolgreichen, leckeren Abnehmen geholfen. Und nun teile ich in diesem Kochbuch 60 meiner Expressrezepte mit dir. Ich wünsche dir viel Spaß beim Nachkochen und viel Erfolg beim Abnehmen und Gewichthalten.

Deine

So gelingt ein guter Start

Am Anfang steht der Entschluss: Es muss sich was ändern. Du fühlst dich nicht mehr wohl in deiner Haut und beschließt, abzunehmen! Der erste große Schritt ist geschafft. Und nun? Wie machst du dich am besten auf den Weg, was musst du am Anfang beachten, welche Begleiter und Hilfsmittel brauchst du auf deiner Reise – und wo geht die Reise überhaupt hin?

Damit sind wir schon beim allerwichtigsten Punkt: Du brauchst ein Ziel! Dazu gehört nicht nur, dass du eine Vorstellung hast, wie viele Kilogramm du gerne verlieren möchtest. Für mich war es auch ganz wichtig, mir zu überlegen, wer will ich eigentlich sein am Ende meiner Abnehm-Reise? Mir ging es zum Beispiel so, dass ich durch mein Übergewicht einfach immer sehr müde war. Wenn ich Spätschicht hatte, lag ich oft bis 11 Uhr im Bett und kam nicht richtig in die Gänge. Das hat mich mega unzufrieden gemacht. Also habe ich mir überlegt, wie ich es gerne anders hätte.

Die beste Version deiner Selbst

Für mich war meine Zielvorstellung, dass ich morgens um 7 schon meinen Kaffee getrunken habe, eine halbe Stunde Sport mache oder mich bewege und danach gut gelaunt in den Tag starte. Mit diesem Bild im Kopf habe ich meinen Weg begonnen. Deine Vorstellung kann es auch sein, sportlicher und fitter zu sein. Wenn deine Kinder auf dem Spielplatz wegrennen und fangen spielen wollen, willst du gut und schnell hinterkommen. Dann überlege dir, was du dafür machen musst.

Ich habe das Bild dieser Person, die ich gerne sein möchte, immer im Kopf gehabt. Und wenn ich schlecht gelaunt war oder gejammert habe, habe ich mich gefragt, ob diese Person jetzt auch meckern würde, dass es zu heiß ist, dass das Wetter ungemütlich ist oder weil sie aufstehen muss. Allein dadurch ändert sich dein *Mindset*. Und das lässt dich deinen Weg besser bewältigen.

Außerdem kannst du dir überlegen, was du zu deiner besten Freundin sagen würdest. Würdest du ihr an den Kopf werfen, dass sie richtig dunkle Augenringe hat und heute wieder richtig schlecht aussieht? Nein, du wärst viel freundlicher und gnädiger mit ihr – und das solltest du auch dir selbst gegenüber sein!

Schritt für Schritt, Tag für Tag

Stell dir vor, deine Abnehm-Reise ist eine Wanderung nach Lissabon. Das sind von München aus 2400 Kilometer. Nun fragst du deine Freunde, ob sie Lust haben, mit dir zu wandern. Die Antwort ist aller Wahrscheinlichkeit nach ein deutliches »NEIN!«. Wenn du stattdessen dein Ziel in kleine Etappen runterbrichst, und dir überlegst, wie viele Schritte du jeden Tag gehen müsstest, um innerhalb von einem oder 1,5 Jahre in Lissabon anzukommen, und du Pausen einplanst und mal stehen bleibst, dann sind die Chancen, den Weg zu schaffen, um ein Vielfaches größer.

Genauso habe ich das mit dem Abnehmen gemacht. Ich habe mir überlegt, dass ich 30 kg abnehmen möchte, und es schön wäre, wenn ich das im Sommer des folgenden Jahres geschafft hätte. Dann habe ich mir ausgerechnet, wie viel Gramm ich pro Woche abnehmen muss, um das Ziel zu erreichen. Und dann denke ich von Tag zu Tag. Ich überlege nicht, was ist morgen, übermorgen, nächste Woche zu tun, sondern ich schaue, was ich HEUTE zu tun habe. Sonst ist das Projekt »Abnehmen« wie ein Gummiband, das du dauernd auf Zug spannst – und das irgendwann einfach reißt.

An dein Ziel zu glauben wird dir unheimlich viel Kraft geben, und gleichzeitig ist der Weg das Ziel – und der Weg soll Spaß machen (sonst bleibst du irgendwann einfach stehen). Durch den Gedanken, dass du am Ende die beste Version deiner Selbst bist, wirst du, wenn du am Ziel bist, auch nicht einfach in alte Gewohnheiten zurückfallen und essen wie früher. Denn die langfristige Änderung ist wichtig, um das Gewicht dann auch zu halten (mehr dazu auf Seite 158).

Die ersten Schritte

Es gibt ein paar Dinge, die du gleich am Anfang deines Weges tun kannst, um das Loslaufen zu erleichtern. Zuallererst mistest du deinen Kühlschrank und deine Vorratskammer aus. Du checkst alles, was da ist, und überlegst, was bleibt, was geht, was kommt. Vor allem die Süßigkeiten kommen weg. Nimm sie mit in die Arbeit, verschenk sie oder verstau sie weit außerhalb deines Blickfelds in der hintersten Ecke – nach dem Motto »aus den Augen, aus dem Sinn«.

Wegräumen solltest du auch alles, was dich in alte Gewohnheiten rutschen lässt. Das Handy beim Essen wegzulegen, ist da zum Beispiel eine gute Idee. Stattdessen stellst du dir die Küchenwaage zum Abwiegen der Zutaten bereit und richtest dir eine kleine Ecke zum Puzzeln, Stricken, Häkeln oder Ähnlichem ein. Wenn du abends beim Fernsehen Lust auf einen Snack oder Knabbereien bekommst, setzt du dich stattdessen in deine Ecke und lenkst dich ab! Mach dir die Ecke dabei richtig schön und probiere aus, was dich wirklich ablenkt. Ich bemale gerade gerne Schuhe mit Acrylstiften.

Für richtige »Notfälle« habe ich mir kleine Gefrierbeutel mit Mini-Snacks wie 10 Salzstangen, einer Mini-Tüte-Gummibärchen oder einem Bonbon vorbereitet. Dann hatte ich – wenn es hart auf hart kam – einen Snack, der aber klein und »endlich« war.

Als Nächstes schreibst du dir eine Einkaufsliste (siehe auch das Kapitel Vorrat/Lagerung) und einen Wochenplan (siehe Seite 20). Lege einen festen Wiegetag pro Woche fest. Auch für deine Bewegung solltest du dir Termine in den Kalender eintragen. Verabrede dich mit deiner Freundin zum Sport, plane einen Spaziergang in der Mittagspause oder überlege dir (gerade mit Kindern) eine Bewegungseinheit für zu Hause. Ihr könnt jeden Tag (mit den Kindern) 30 Minuten spazieren gehen, gemeinsam tanzen oder euch einen Zirkel mit Hulahoop-Reifen, Tanzen, Hüpfen, … überlegen. Schau einfach, was für deine Lebenssituation und für deine Vorlieben am besten passt.

Jede Bewegung lohnt sich

Die Vorstellung, dass man 10.000 Schritte am Tag gehen soll, war ursprünglich nur ein Marketing-Gag eines Schrittzähler-Herstellers. Aber die Zahl hat sich irgendwie eingebrannt. Nur, dass es einfach nicht für jeden machbar ist. Jede/r sollte schauen, was in ihrem/seinem Alltag machbar ist, und was sie/er sich dann als Ziel setzt. Wenn du im Büro arbeitest und viel sitzt und normalerweise auf 5000 Schritte kommst, dann sind dein Tagesziel eben 6000 Schritte.

Zu guter Letzt ist es ganz wichtig, die Familie (und vielleicht gute Freunde) einzubinden. Vor allem natürlich die Personen, die mit dir gemeinsam essen. Sie alle können dich unterstützen, aber dafür müssen sie wissen, wie dringend und wichtig die Ernährungsumstellung und die Bewegung für dich sind. Mach ihnen deutlich, dass du *richtig unzufrieden* bist, und dass du *jetzt* loslegst.

Ein besonderer Tipp für alle mit Kindern: Gib jedem Familienmitglied Post-its einer anderen Farbe, lass sie das Kochbuch durchschauen und markieren, was sie gerne essen möchten. Ich bin ganz sicher, es ist für jeden was dabei! Und so hast du gleich alle mit im Boot.

Dein Vorratsschrank

Hier kommt eine Liste an Lebensmitteln, die du immer zu Hause haben solltest und mit denen du die Rezepte aus diesem Buch gut kochen kannst:

Für den Vorratsschrank:

- Hülsenfrüchte (aus der Dose, das spart Zeit, weil du die Kichererbsen, Linsen etc. nicht vorher lange einweichen musst): Kidneybohnen, Kichererbsen …
- Mais
- Vollkorn-Nudeln
- Naturreis/Wildreis
- Wraps (mit ca. 40 g/Wrap)
- Haferflocken
- Mehl
- Proteinpulver (als Mehlersatz)
- Weinstein-Backpulver (das hat nicht den typischen Backpulver-Geschmack)
- Zuckerersatz (siehe Tabelle auf Seite 12)
- Flavour-Pulver oder Drops (siehe Abschnitt »Zuckerersatz«)

Im Kühlschrank/Gefrierfach:

- fettarme Milch (1,5 % Fett)
- Sahneersatz (7 % Fett)
- magerer Schinken und Schinkenwürfel
- fettarmer Joghurt (1,5 % Fett) griechischer, fettarmer Joghurt (0,3% Fett)
- Magerquark
- ungesüßte Magermilch
- Eier
- mageres Rinderhackfleisch
- fettarmer Frischkäse (bis 1% Fett)
- geriebener Käse (bis 30 % Fett)
- Proteinpudding
- Margarine oder Halbfettbutter

Ich nehme ungesüßte Mandelmilch gerne zum Backen oder für Süßspeisen – da schmeckt man sie nicht so sehr raus. Für meinen Kaffee darf es aber gerne Kuhmilch sein.

Immer frisch:

- saisonales Obst (hier bitte ein bisschen auf den Zuckergehalt achten und Obst lieber im Ganzen essen, als Fruchtsaft zu trinken)
- saisonale Gemüse
- Kartoffeln
- Vollkornbrot

Getränke:

- Wasser
- Zero- oder Light-Getränke

Zuckerersatz:

Es gibt inzwischen wirklich jede Menge Alternativen zu Zucker, die alle Vor- und Nachteile haben. Durch was du den Zucker ersetzt, kannst du natürlich selbst entscheiden. Zur Orientierung hier eine Tabelle, wie du Zucker durch was ersetzen kannst.

Zucker	Erythrit	Xylit	Flavour-Pulver/ Chunky	Flüssiger Süßstoff
5 g =	10 g	5 g	1 Prise	8 Tropfen
10 g =	15 g	10 g	2 g	13–16 Tropfen
15 g =	20 g	15 g	2 g	20–25 Tropfen
20 g =	25 g	20 g	3 g	30 Tropfen
50 g =	70 g	50 g	6 g	4 ml
100 g =	130 g	100 g	1–2 TL	8 ml

Ich verwende am liebsten Chunky und Flavours von More Nutrition. Das hat für mich den angenehmsten Geschmack. Außerdem ist da häufig noch ein tolles Aroma dabei. Auch flüssigen Süßstoff verwende ich recht gerne. Erythrit ist in einigen meiner Rezepte enthalten, schmeckt je nach Verwendung recht »kalt«, das muss man mögen. Auch Stevia (nicht in der Tabelle) hat einen seltsamen Eigengeschmack. Xylit nehme ich persönlich nie, weil es hochgiftig für (z. B.) Hunde ist. Sie dürfen weder vom Xylit noch vom fertigen Essen auch nur das kleinste bisschen essen.

Meine Tipps zur Aufbewahrung

1. Obst immer aus der Plastikverpackung nehmen, dann bleibt es länger frisch.
2. Salat in eine Plastiktüte stecken und die Luft gut rausdrücken, dann hält er im Kühlschrank 2 Wochen.
3. Champignons in Papier wickeln.
4. Tomaten nie in den Kühlschrank tun (da verlieren sie ihren Geschmack).
5. Äpfel nicht neben Bananen lagern, sie beschleunigen die Reifung.
6. Kartoffeln und Süßkartoffeln kühl und dunkel lagern (aber nicht im Kühlschrank).
7. Gewürze, Mehl, Proteinpulver etc. kannst du so lange in der Originalverpackung aufbewahren wie sich diese luftdicht verschließen lässt, sonst füll sie lieber in Dosen oder Gläser um.
8. Fleisch und frischen Fisch am besten aus der Plastikverpackung nehmen und in ein Gefäß aus Porzellan oder Glas legen und mit Frischhaltefolie abdecken.
9. Kühlschrank richtig einräumen (siehe Seite 14/15): Milch sollte dabei nicht in der Tür stehen, weil dort beim Öffnen des Kühlschranks zu viel Kälte verloren geht.
10. Reste von gekochtem Essen luftdicht in gefriergeeignete Gefäße füllen und einfrieren (außer du willst sie am nächsten Tag mit zur Arbeit nehmen, o. Ä., dann packst du sie in den Kühlschrank). Vorher unbedingt vollständig abkühlen lassen.

Dein Kühlschrank

Milchprodukte:
Milch, Joghurt, Butter ...

Wurstwaren
und Käse

Gemüse und Obst

Die wichtigsten Nährstoffe

Eine ausgewogene Ernährung, bei der der Bedarf an Makronährstoffen – also Protein (Eiweiß), Fett, und Kohlenhydrate – täglich gut abgedeckt ist, ist absolut essenziell. Nur so stellen wir sicher, dass wir keine Heißhungerattacken bekommen, weil der Insulinspiegel konstant gehalten wird. So wird man schnell und lange satt, hat genug Energie für den Tag und sichert den langfristigen Erfolg. Auch den Bedarf von Mikronährstoffen wie Vitamine und Mineralien sollten wir tagtäglichen decken.

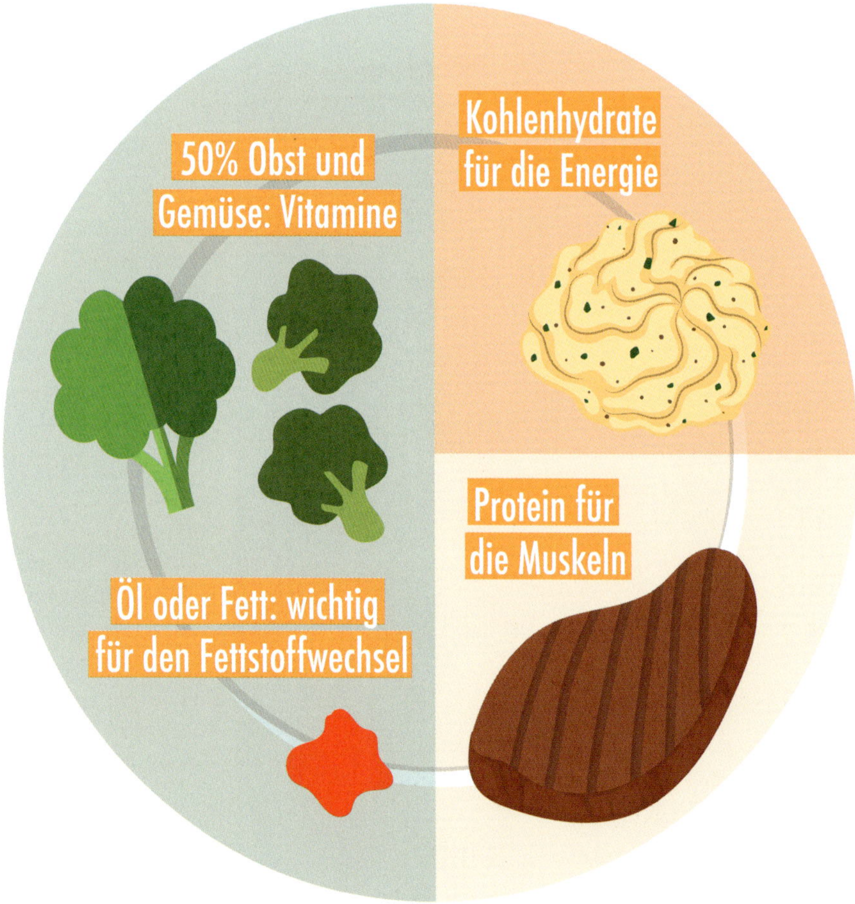

Gesunde Nährstoffquellen

Eiweiß:

- Fisch
- Eier
- Käse
- Nüsse
- Hülsenfrüchte

Kohlenhydrate:

- Vollkornprodukte
- Kartoffeln
- Haferflocken
- Hülsenfrüchte
- Quinoa

Fett:

- kalt gepresste Öle
- Nüsse, Samen, Kerne
- evtl. Nussmus

Unbedingt meiden:

1. verarbeitete Lebensmittel: wie Teilchen vom Bäcker, Gemüsebrühe, Gurken im Glas – diese Lebensmittel enthalten oft sehr viel (versteckten) Zucker
2. Softdrinks und Säfte
3. zuckerhaltige Lebensmittel: wie z. B. Fruchtjoghurt, Smoothie, Latte macchiato to go, Eiskaffee aus dem Kühlregal …

Die Menge macht's

Es gibt kein Lebensmittel, das per se dünn oder dick macht, denn immer gilt: Die Menge macht's! Genauso wenig gibt es – leider – ein Lebensmittel, das die Abnahme begünstigt. Viele Leute glauben ja, man könne mit der Ananas-Diät abnehmen. Aber all die guten Enzyme, die den Fettstoffwechsel beschleunigen sollen, sind längst kaputt, bis sie in den Magen und Darm gelangen, wo sie wirken könnten. Und eine einseitige Ernährung ist nie gut. Genauso ist aber Schokolade nicht an sich einfach schlecht. Wenn man hin und wieder mal ein Stückchen isst, schadet es keineswegs.

Den Stoffwechsel kann man nur durch Sport und Bewegung und eine langfristige, gesunde Ernährungsumstellung beeinflussen. Leider gibt es einfach kein Lebensmittel und keine Tabletten, die das können – wenn das ginge, hätte ich es definitiv gemacht, und den einfachen Weg gewählt!

Meal Prep – gut vorbereitet ist halb gewonnen

Meine wichtigsten Tipps:

- Es gibt Lebensmittel, die schmecken nur frisch: Hähnchenfleisch wird beim Aufwärmen einfach nur trocken, ein mit Gurke belegter Wrap wird matschig …
- Aufbewahrungsgefäße sollten am besten aus Glas sein, das hält am längsten frisch. Die Gefäße sollten luftdicht schließen und nicht zu schwer sein, damit man sie gut mitnehmen kann.
- Toll sind auch Gefäße mit mehreren Fächern, sodass man z. B. Nudeln und Sauce oder Joghurt und Topping getrennt aufbewahren und transportieren kann.
- Salat (den man nicht sofort isst) nicht gleich anmachen, sondern das Dressing separat aufbewahren.
- Ananas und Kiwi zum Aufbewahren nicht mit Joghurt mischen, sonst wird der bitter. Lieber getrennt aufbewahren und mitnehmen.
- Süßspeisen wie Götterspeise oder Overnight Oats (der Name sagt es schon) lassen sich gut am Vortag vorbereiten, wenn man abends eh schon beim Kochen ist. Dann macht man einfach schnell das Frühstück o. Ä. mit.
- Auch Gulasch und Eintöpfe schmecken beim zweiten Mal noch viel besser. Also gleich die doppelte oder dreifache Menge kochen, einfrieren – und den Rezeptnamen sowie die Kalorienzahl mit Folienstift auf das Gefäß schreiben.
- Viel Gemüse kann man wunderbar vorher schnippeln – wenn mal Zeit ist – und portionsweise einfrieren. Packt man auch noch den gekochten Reis dazu, hat man gleich eine komplette Mahlzeit im Tiefkühlfach. Nur Gemüse, das viel Wasser enthält, sollte man lieber nicht einfrieren: also z. B. Salat, Gurken, Tomaten …
- Ideen für Gerichte, die sich super vorbereiten lassen, findest du im Kapitel Meal Prep auf Seite 135.

Wochenplan

Beispiel für einen Wochenplan

Gerade am Anfang ist es nicht so leicht, sich selbst einen Wochenplan zu erstellen, der die richtige Kalorienzahl pro Tag berücksichtigt und sicherstellt, dass du nicht den ganzen Tag in der Küche stehst. Daher zeige ich dir an einem Beispiel, wie deine Woche aussehen könnte. Pro Tag solltest du nicht mehr als 1500 bis 1600 kcal zu dir nehmen. Ich habe außerdem berücksichtigt, dass man einige Rezepte super meal preppen kann – wenn du am Freitag einen mexikanischen Eintopf kochst, hast du so am Sonntag auch gleich ein leckeres Abendessen und die cremige Mamaliga, die am Mittwoch dein Snack sein kann, isst du am Donnerstag einfach auch zum Frühstück. Vorplanen und vorkochen spart am Ende Zeit und Stress!

	Frühstück	Mittagessen	Abendessen	Snack
Montag	Lachs-Omelett (306 kcal)	Schneller Fitnesssalat (224 kcal)	Nudeln mit Brokkoli-Pesto (879 kcal)	Lecker-schmecker-Creme (237 kcal)
Dienstag	Brot mit Aufschnitt (ca. 300 kcal je nach Brot und Aufstrich)	Nudeln mit Brokkoli-Pesto (879 kcal)	Schneller Fitnesssalat (224 kcal)	Runde Apfeltaschen (200 kcal)
Mittwoch	Runde Apfeltaschen (200 kcal)	Gnocchi-Spinat-Pfanne (504 kcal)	Falsches Gyros (539 kcal)	Cremige Mamaliga (238 kcal)
Donnerstag	Cremige Mamaliga (238 kcal)	Falsches Gyros (539 kcal)	Gnocchi-Spinat-Pfanne (504 kcal)	Blueberry Muffins (81 kcal)
Freitag	Blueberry Muffins (81 kcal)	Holy-Tuna-Salat (222 kcal)	Mexikanischer Eintopf (434 kcal)	Himbeer-Swirl (252 kcal)
Samstag	Herzhafter Ofentoast (259 kcal)	Erdbeer-Kokos-Tiramisu (534 kcal)	Putenrouladen (644 kcal)	White Chocolate Nice Cream (300 kcal)
Sonntag	Spiegelei mit Vollkornbrot (ca. 300 kcal, je nach Brot und Eigröße)	Putenrouladen (644 kcal)	Mexikanischer Eintopf (434 kcal)	Bananen-Sushi (265 kcal)

Blitzrezepte

Schneller Fitnessalat

Nährwerte pro Portion (bei insgesamt 2 Portionen)
Kilokalorien: **224,0 kcal** | Kohlenhydrate: **22,9 g** | Eiweiß: **8,1 g** | Fett: **9,6 g**

FÜR 2 PORTIONEN

½ Zucchini
2 Karotten
1 großer Apfel
½ Sellerieknolle
150 ml milder Joghurt
1 EL Apfelessig
1 TL Öl
Salz
Pfeffer
20 g Sonnenblumenkerne

1. Zucchini, Karotte, Apfel und Sellerie waschen und nach Belieben schälen und putzen. Das Kerngehäuse des Apfels entfernen. Das Gemüse und den Apfel fein raspeln.

2. Joghurt mit Essig und Öl vermischen und mit Salz und Pfeffer abschmecken. Das Dressing über den Salat geben und gut vermengen. Mit den Sonnenblumenkernen toppen – fertig!

TIPP:
Dieser Salat ist superschnell fertig. Wenn man ihn am nächsten Tag mit in die Arbeit nehmen möchte, sollte man ihn mit Zitrone beträufeln, weil der Apfel sonst braun wird.

Holy-Tuna-Salat

Nährwerte pro Portion (bei insgesamt 2 Portionen)
Kilokalorien: **221,5 kcal** | Kohlenhydrate: **8,8 g** | Eiweiß: **29,8** g | Fett: **6,9 g**

FÜR 2 PORTIONEN

1 Salatgurke
1 Dose Thunfisch (ca. 190 g)
200 g Cocktailtomaten
Salz
Pfeffer
150 ml Sauce Hollandaise légère

1. Gurke waschen, nach Belieben schälen und durch einen Spiralschneider zu Nudeln drehen. Thunfisch gut abtropfen lassen und zu den Gurken geben. Cocktailtomaten waschen, vierteln und auch zum Salat geben.

2. Den Salat mit Salz und Pfeffer würzen und mit der Sauce Hollandaise garnieren.

TIPP:
Einfacher geht es kaum – so schnell ist ein richtig leckeres und kalorienarmes Essen auf dem Tisch!

Griechischer Feta-Salat

Nährwerte pro Portion (bei insgesamt 2 Portionen)
Kilokalorien: **343,3 kcal** | Kohlenhydrate: **18,8 g** | Eiweiß: **13,8 g** | Fett: **22,8 g**

FÜR 2 PORTIONEN

1 Scheibe Bauernbrot
150 g Cocktailtomaten
½ Salatgurke
½ grüne Paprikaschote
1 kleine rote Zwiebel
1 EL Essig
2 EL Öl
griechische Gewürze (fertige Gewürzmischung)
Salz
Pfeffer
20 schwarze Oliven (ohne Stein)
120 g Feta

1. Das Brot in einer gut beschichteten Pfanne ohne Öl kross braten und beiseite stellen.
2. Die Tomaten waschen und halbieren. Gurke waschen, halbieren und in Scheiben schneiden. Paprikaschote waschen, halbieren, entkernen und in Streifen schneiden. Zwiebel schälen und in Ringe schneiden.
3. In einer kleinen Schüssel Essig, Öl und Gewürze mit 20 ml Wasser mischen und mit Salz und Pfeffer abschmecken.
4. Alle Zutaten mit den Oliven in einer großen Schüssel vermengen, Feta darüber bröseln und mit dem Salat mischen.
5. Die krosse Scheibe Brot in Würfel schneiden und zu dem Salat servieren.

TIPP:
Dieser Salat ist nicht nur super schnell zubereitet, er eignet sich auch perfekt zum »meal preppen« und ist aufgrund der Zutaten das ganze Jahr machbar.

Ruck-Zuck-Eiersalat

Nährwerte pro Portion (bei insgesamt 1 Portion)
Kilokalorien: **369,0 kcal** | Kohlenhydrate: **14,1 g** | Eiweiß: **21,3 g** | Fett: **25,2 g**

FÜR 1 PORTION

4 Eier
4 Gewürzgurken
4 EL Miracel Whip Balance Joghurt
2 EL Joghurt
etwas Gurkenwasser
Salz
Pfeffer
1 EL frische, gehackte Kräuter (nach Belieben)
optional: Brot zum Servieren

1. Eier in ausreichend Wasser in etwa 8 Minuten hart kochen. Eier abschrecken, schälen und klein schneiden. Gurken ebenfalls klein schneiden.
2. Eier und Gurken mit den restlichen Zutaten vermengen und gut abschmecken.
3. Mit Brot servieren (optional).

TIPP:
Ich liebe dieses Rezept, es kommt mit wenig Zutaten aus und ist super schnell gemacht!

Cheeseburger-Blitzpizza

Nährwerte pro Portion (bei insgesamt 4 Portionen)
Kilokalorien: **366,1 kcal** | Kohlenhydrate: **40,2 g** | Eiweiß: **24,5 g** | Fett: **11,3 g**

FÜR 4 PORTIONEN

150 g Tatar (oder mageres Rinderhackfleisch)
Ölspray oder Öl zum Braten
Salz
Pfeffer
2 EL Tomatenmark
50 g passierte Tomaten
italienische Gewürze (wie z. B. Oregano)
4 Wraps
1 kleine rote Zwiebel
2 Gewürzgurken
150 g geriebener Käse light (30 % Fett)
2 EL Tomatenketchup
2 EL Senf

1. Den Backofen auf 180 °C Ober-/Unterhitze vorheizen. Ein Blech mit Backpapier belegen.

2. Tatar in einer Pfanne mit etwas Ölspray krümelig braten und mit Salz und Pfeffer gut würzen.

3. Das Tomatenmark und die passierten Tomaten mit den Gewürzen verrühren und auf die Wraps streichen. Zwiebel schälen und in feine Ringe schneiden. Gurken in Scheiben schneiden.

4. Käse gleichmäßig auf die Wraps verteilen. Dann das gebratene Tatar, die Gurkenscheiben und die Zwiebelringe auf dem Käse verteilen.

5. Die Wraps auf das Blech legen und etwa 8 Minuten im Ofen backen, bis der Käse geschmolzen ist.

6. In der Zwischenzeit Ketchup und Senf mit etwas Gurkenwasser zu einer Burgersoße verrühren und anschließend über die fertige Cheeseburger-Pizza geben.

Ruck-Zuck-Hack-Pfanne

Nährwerte pro Portion (bei insgesamt 2 Portionen)
Kilokalorien: **427,6 kcal** | Kohlenhydrate: **21,2 g** | Eiweiß: **50,5 g** | Fett: **13,0 g**

FÜR 2 PORTIONEN

1 Karotte
1 große Zwiebel
je 1 rote und gelbe Paprikaschote
1 Zucchini
250 g braune Champignons
400 g mageres Rinderhackfleisch
Ölspray oder Öl zum Braten
1 Knoblauchzehe
250 ml Gemüsebrühe

1. Karotte waschen, putzen und klein schneiden. Zwiebel schälen und in Würfel schneiden. Paprikaschoten waschen, Kerne entfernen und ebenfalls würfeln. Zucchini waschen, putzen und in Würfel schneiden. Champignons putzen und in Scheiben schneiden.

2. Rinderhackfleisch mit etwas Ölspray in einer Pfanne anbraten. Aus der Pfanne nehmen und beiseite stellen. Den Knoblauch schälen und in die Pfanne pressen. Zusammen mit der Zwiebel andünsten. Paprikaschoten, Karotte und Zucchini dazugeben und weitere 5 Minuten anbraten.

3. Das Hackfleisch zurück in die Pfanne geben und mit der Gemüsebrühe ablöschen.

4. Zuletzt die Champignons dazugeben und noch 5 Minuten mitbraten.

TIPP:
Wer Kohlenhydrate dazu möchte, serviert ein Brot dazu oder gibt die letzten 10 Minuten ½ Tasse Reis mit in die Pfanne.

Rinderfilet auf Brokkolini mit Mandelcreme

Nährwerte pro Portion (bei insgesamt 2 Portionen)
Kilokalorien: **378,2 kcal** | Kohlenhydrate: **18,6 g** | Eiweiß: **41,2 g** | Fett: **13,2 g**

FÜR 2 PORTIONEN

2 Rinderfilet (à 150 g)
Salz
Pfeffer
Ölspray oder Öl zum Braten
1 gelbe Paprikaschote
1 Zwiebel
400 g Brokkolini
20 g Cashewkerne
½ Zitrone
1 EL weißes Mandelmus
1 TL Honig

1. Das Rinderfilet mit Salz und Pfeffer würzen. Eine gut beschichtete Pfanne stark erhitzen und das Rinderfilet mit etwas Ölspray je nach Vorliebe 2 bis 3 Minuten von beiden Seiten anbraten. Sobald es fertig ist, in Alufolie wickeln und auf einem Teller ruhen lassen. Die Pfanne wird gleich für die Soße benötigt.

2. Paprikaschote waschen, halbieren, entkernen und in feine Streifen schneiden. Zwiebel schälen und fein würfeln. Brokkolini putzen, waschen und in Salzwasser 3–4 Minuten blanchieren. Den Saft der Zitrone auspressen.

3. Cashewkerne in der Pfanne vom Filet anbraten, die Zwiebelwürfel dazugeben und andünsten. Paprikaschote ebenfalls dazugeben und weitere 3 Minuten mitdünsten. Mit etwas Wasser und dem Zitronensaft ablöschen und das Mandelmus und Honig dazugeben. Alles mit Salz und Pfeffer abschmecken.

4. Das Rinderfilet in Scheiben schneiden und auf dem Brokkolini mit der Soße schön anrichten.

TIPP:
Dieses Rezept ist in weniger als 20 Minuten fertig und ist ein wunderbares Feierabend-Rezept!

Quinoa-Curry

Nährwerte pro Portion (bei insgesamt 2 Portionen)
Kilokalorien: **298,8 kcal** | Kohlenhydrate: **42,4 g** | Eiweiß: **10,7 g** | Fett: **7,6 g**

FÜR 2 PORTIONEN

½ weiße Zwiebel
1 Knoblauchzehe
100 g Karotten
150 g Brokkoli
½ rote Paprikaschote
80 g Cocktailtomaten
Ölspray oder Öl zum Braten
90 g Quinoa
150 ml Gemüsebrühe
40 ml Kokosmilch light
1 EL rote Currypaste
Salz
Pfeffer
Paprikapulver (edelsüß)

1. Zwiebel und Knoblauch schälen und fein hacken. Karotten waschen, schälen und in Scheiben schneiden. Brokkoli in Röschen brechen, den Strunk entfernen und waschen. Paprikaschote waschen, entkernen und in Streifen schneiden. Die Tomaten waschen und halbieren.

2. Zwiebel und Knoblauch in einer gut beschichteten Pfanne mit etwas Ölspray andünsten. Das Gemüse mit in die Pfanne geben und kurz mit anbraten.

3. Quinoa in einem Sieb heiß durchspülen und gemeinsam mit der Gemüsebrühe in die Pfanne geben. Immer wieder so viel Gemüsebrühe nachgießen, dass alles gut bedeckt ist. Ca. 15–20 Minuten kochen, bis der Quinoa gar ist.

4. Mit der Kokosmilch und Currypaste verfeinern und mit Salz, Pfeffer und Paprikapulver abschmecken.

Süsskartoffel-Toast mit Rote-Bete-Aufstrich

Nährwerte pro Portion (bei insgesamt 2 Portionen)
Kilokalorien: **295,7 kcal** | Kohlenhydrate: **58,5 g** | Eiweiß: **8,0 g** | Fett: **1,4 g**

FÜR 2 PORTIONEN

1 große Süßkartoffel
2 Rote Beten (aus dem Glas)
150 g fettarmer griechischer Joghurt (0,3 % Fett)
2 kleine Snackgurken
1 Knoblauchzehe
1 EL Schnittlauchröllchen
1 Prise Salz
etwas Pfeffer
1 TL frische, gehackte Kräuter zum Bestreuen

1. Die Süßkartoffel waschen, schälen, in 1 cm dicke Scheiben schneiden und in einem Toaster 2- bis 3-mal toasten, bis sie goldbraun sind.

2. In einer hohen Schüssel die Rote Bete mit dem griechischen Joghurt pürieren, die Gurken waschen und dazu raspeln. Knoblauch schälen und dazu pressen. Den Rote-Bete-Joghurt mit Schnittlauch, Salz und Pfeffer abschmecken.

3. Den Süßkartoffel-Toast mit der Creme bestreichen und mit frischen Kräutern dekorieren.

Lachs-Omelett

Nährwerte pro Portion (bei insgesamt 2 Portionen)
Kilokalorien: **306,6 kcal** | Kohlenhydrate: **2,5 g** | Eiweiß: **24,0 g** | Fett: **22,3 g**

FÜR 2 PORTIONEN

6 Eier
1 EL Milch
1 EL Sahneersatz (Cremefine, 7 % Fett)
Rührei-Gewürz (Fertigmischung)
Salz (nach Belieben)
Pfeffer (nach Belieben)
etwas Dill
Ölspray oder Öl zum Braten
100 g Räucherlachs
etwas Schnittlauch
etwas Dijonsenf zum Dippen
optional: Brot zum Servieren

1. Die Eier in eine Schüssel aufschlagen und mit Milch, Sahneersatz und dem Gewürz verrühren. Nach Belieben salzen und pfeffern. Dill waschen, trocken schütteln und schneiden.

2. Die Eier in 2 Portionen nacheinander in eine beschichtete Pfanne mit Ölspray geben und stocken lassen.

3. Auf die beiden Omeletts Räucherlachs geben und mit dem Schnittlauch garnieren. Dazu ein Schälchen Dijonsenf zum Dippen und etwas Brot servieren.

Lecker-schmecker-Creme

Nährwerte pro Portion (bei insgesamt 1 Portion)
Kilokalorien: **237,3 kcal** | Kohlenhydrate: **15,3 g** | Eiweiß: **39,0 g** | Fett: **2,2 g**

FÜR 1 PORTION

200 g Magerquark
50 g Frischkäse (0,2 % Fett)
100 g Vanille-Protein-Pudding
etwas Wasser
25 g Erythrit-Puder (oder 6 g Flavour-Puder)
Toppings nach Belieben (z. B. Himbeeren und weiße Schokoladendrops)

1. Alle Zutaten mit etwas Wasser zu einer glatten Creme verrühren.

2. Nach Belieben mit Toppings garnieren und genießen.

TIPP:
Hier kannst du deiner Fantasie freien Lauf lassen. Such dir einfach die Toppings aus, die du besonders gern isst. An Obst nehme ich immer das, was es gerade saisonal gibt.

Bananen-Sushi

Nährwerte pro Portion (bei insgesamt 1 Portion)
Kilokalorien: **265,0 kcal** | Kohlenhydrate: **30,8 g** | Eiweiß: **8,4 g** | Fett: **11,4 g**

FÜR 1 PORTION

1 Wrap
4 EL milder Joghurt
1 Banane
1 TL Erdnusscreme oder -mus
15 g zuckerfreie Schokolade
15 g Mandelsplitter

1. Den Wrap mit Joghurt bestreichen. Die Banane schälen und auf den Wrap legen.
2. Den Wrap einrollen und in Sushi-Stücke schneiden. Die Schokolade über dem Wasserbad oder in der Mikrowelle schmelzen.
3. Die Bananenwrap-Stücke auf einem Teller wie Sushi servieren und dabei mit Erdnussmus, der geschmolzenen Schokolade und den Mandelsplittern toppen.

Kokos-Porridge mit karamellisierten Bananen

Nährwerte pro Portion (bei insgesamt 2 Portionen)
Kilokalorien: **404,3 kcal** | Kohlenhydrate: **61,0 g** | Eiweiß: **9,9 g** | Fett: **11,7 g**

FÜR 2 PORTIONEN

500 ml fettarmer Kokosnuss-Drink
70 g Erythrit-Puder (oder 6 g Flavour-Pulver)
125 g zarte Haferflocken
1 Banane
Ölspray oder Öl zum Braten
150 g Blaubeeren
10 g Kokosflocken
1 TL Honig

1. Den Kokosnuss-Drink in einem Topf aufkochen, Erythrit-Puder und Haferflocken einrühren und auf mittlerer Hitze ca. 5 Minuten köcheln lassen.

2. In der Zwischenzeit die Banane schälen, in Scheiben schneiden und in einer gut beschichteten Pfanne mit etwas Ölspray karamellisieren. Blaubeeren waschen und verlesen.

3. Das fertige Porridge auf 2 Schüsseln aufteilen und mit den Bananenscheiben, Blaubeeren, Kokosflocken und etwas Honig toppen.

Erdbeer-Kokos-Tiramisu

Nährwerte pro Portion (bei insgesamt 3 Portionen)
Kilokalorien: **534 kcal** | Kohlenhydrate: **44,7 g** | Eiweiß: **22,7 g** | Fett: **28,5 g**

FÜR 4 PORTIONEN

500 g Erdbeeren (frisch oder aufgetaute TK-Ware)
110 g Erythrit-Puder (oder 11 g Flavour-Pulver)
½ Packung Löffelbiscuits (ca. 100 g)
500 g Magerquark
250 g Mascarpone
2 TL Kokos Flavour Drops oder Chunky Flavour
200 ml Sahneersatz (Cremosana zum Aufschlagen, 15 % Fett)
10 Raffaellos

Auflaufform

1. Die Erdbeeren mit Erythrit-Puder pürieren.
2. Die Löffelbiscuits von beiden Seiten in dem Erdbeerpüree tränken und eine Schicht wie bei einem Tiramisu in eine Auflaufform legen.
3. Magerquark und Mascarpone mit den Kokos Flavour Drops zu einer glatten Creme verrühren. Cremosana cremig aufschlagen und unter die Magerquarkcreme heben.
4. Die Creme auf den Löffelbiscuits verteilen und mit dem restlichen Erdbeerpüree und den Rafaellos dekorieren.

TIPP:
Wenn es zu viel Creme ist – je nach Größe des Behälters – einfach 2 Schichten machen!

Blaubeer-Joghurt-Shake

Nährwerte pro Portion (bei insgesamt 1 Portion)
Kilokalorien: **139,5 kcal** | Kohlenhydrate: **19,9 g** | Eiweiß: **4,8 g** | Fett: **2,9 g**

FÜR 1 GLAS

3–4 Minzblätter
250 g Blaubeeren (TK)
40 g Erythrit-Puder (oder 5 g Flavour-Puder)
etwas Limettensaft
200 g fettarmer Joghurt (1,5 % Fett)
100 ml fettarmer Kokosnuss-Drink

1. Die Minzblätter auf eine Hand legen und mit der anderen Hand darauf klatschen, dadurch entfalten sie den Geschmack. Ein Blatt zum Garnieren beiseite legen. Die restlichen Blätter gemeinsam mit den Blaubeeren und dem Erythrit-Puder pürieren.

2. In einem Shaker Limettensaft, Joghurt und Kokosdrink zu einem Shake mischen und anschließend in ein Glas füllen. Das Blaubeerpüree dazugeben und leicht verteilen. Mit einem Minzblatt servieren.

Auswärtsessen – ganz entspannt

Viele Menschen, die abnehmen oder ihr Gewicht halten wollen, sind unsicher, wenn es ums Auswärtsessen im Restaurant oder auch ums Urlaubsbüffet geht. Ich habe dir hier meine wichtigsten Tipps für den entspannten Restaurantbesuch notiert, die sich in drei Bereiche aufgliedern: vorher – währenddessen – nachher! Auch hier gilt, gut vorbereitet, ist halb gewonnen. Dann gehst du schon entspannter an die Sache heran. Wenn du währenddessen ein wenig achtsam bist, wirst du weniger über die Stränge schlagen – und die Tipps für danach lassen dich den Tag mit einem guten Gefühl beenden.

Du kannst vorher:

1. Speisekarte online checken.
2. Sport und Bewegung erhöhen.
3. Etwas mit viel Volumen, aber wenig Kalorien essen (also nicht hungrig ins Lokal gehen! Sonst isst man meistens mehr, als man wollte und als einem guttut): Das wäre ein Salat mit viel Gemüse, der griechische Feta-Salat (siehe Seite 28) eignet sich zum Beispiel gut.

Währenddessen kannst du:

1. Als Erstes bestellen, um dich von den Bestellungen der anderen nicht beeinflussen zu lassen.
2. Ein großes Wasser dazu bestellen.
3. Besteck zwischendurch auch einmal ablegen und dich unterhalten.
4. Die Finger vom Brotkorb und von Knabbereien lassen, die am Tisch rumstehen, da man schnell den Überblick verliert, wie viel man davon schon gegessen hat.
5. Achte beim Bestellen auf Begriffe wie: paniert, frittiert, sahnig, cremig, knusprig. Das ist meistens mit vielen Kalorien verbunden.

6. Bestelle Dressing immer separat zum Salat, um ihn selbst anzumachen. Ein Dressing mit Öl kann oftmals mehr Kalorien als eine Portion Schnitzel haben.

7. Wenn du zum Beispiel auf die Pizza nicht verzichten kannst, frage jemanden, ob er sich mit dir eine teilen würde, oder zögere nicht, nach einer Rentner- oder Kinderportion zu fragen. Iss dazu gegrilltes Gemüse oder einen Salat, und du hast den Geschmack der Pizza, aber nicht zu viele Kalorien zu dir genommen.

Danach kannst du:

1. Dir die Reste einpacken lassen! DU MUSST NICHT AUFESSEN!

2. Dich bewegen: Mache einen schönen Spaziergang gemeinsam mit den Menschen, mit denen du beim Essen warst.

3. Tracke auch deine Kalorien, selbst wenn du maßlos über deiner festgelegten Zahl bist.

4. Mach dich nicht selber fertig – morgen ist ein neuer Tag!

Unter 30 Minuten

Fruchtiger Hähnchensalat

Nährwerte pro Portion (bei insgesamt 4 Portionen)
Kilokalorien: **234,8 kcal** | Kohlenhydrate: **12,2 g** | Eiweiß: **10,7 g** | Fett: **14,6 g**

FÜR 4 PORTIONEN

150 g Hähnchenbrustfilet
Ölspray oder Öl zum Braten
Salz
Pfeffer
1 Avocado
1 Mango
150 g Rucola
100 g Cocktailtomaten
1 Orange
1 TL Öl
2 TL Apfelessig
etwas Senf (nach Belieben)

1. Das Hähnchenfleisch salzen, pfeffern, in Streifen schneiden und in einer Pfanne mit etwas Ölspray anbraten. Beiseite stellen und abkühlen lassen.

2. In der Zwischenzeit die Avocado halbieren, Kern entfernen und das Fruchtfleisch aus der Schale löffeln. In Stücke schneiden. Mango schälen, das Fruchtfleisch vom Stein und dann in Stücke schneiden. Rucola waschen und trocken schütteln. Tomaten waschen und vierteln.

3. Die Schale der Orange rundherum abschneiden und die Orange filetieren, dabei der Saft auffangen.

4. In einer kleinen Schüssel Öl, Essig und Orangensaft verrühren und mit Salz und Pfeffer abschmecken. Nach Belieben mit etwas Senf emulgieren.

5. Alle Zutaten zu einem Salat vermengen. Zuletzt das Dressing darübergeben.

TIPP:
Dazu schmeckt Ciabatta. Statt der Orange kann man auch Mandarinen aus der Dose verwenden – da spart man sich die Zeit für das Filetieren.

P

Caesarsalat mit Knusperspeck

Nährwerte pro Portion (bei insgesamt 2 Portionen)
Kilokalorien: **433,0 kcal** | Kohlenhydrate: **8,1 g** | Eiweiß: **43,9 g** | Fett: **24,2 g**

FÜR 2 PORTIONEN

2 Hähnchenbrustfilets (à 150 g)
Salz
Pfeffer
Ölspray oder Öl zum Braten
4 Scheiben Bacon
2 Eier
300 g gemischter Salat
100 g Rucola
½ Salatgurke
1 Knoblauchzehe
60 ml Cremefine (7 % Fett)
½ TL Dijonsenf
1 TL Zitronensaft
1 EL Öl
1 TL Essig
optional: etwas geriebener Parmesan

1. Das Fleisch mit Salz und Pfeffer würzen und in einer beschichteten Pfanne mit etwas Ölspray anbraten und anschließend aus der Pfanne nehmen. In der gleichen Pfanne den Bacon ohne Zugabe von Fett anbraten und im Anschluss zum Abtropfen auf ein Küchenpapier legen.

2. Eier in ausreichend Wasser ca. 5 Minuten kochen. Sie sollten innen noch etwas flüssig sein.

3. Salat und Rucola waschen, putzen und trocken schütteln. Gurke waschen, vierteln und in Stückchen schneiden. Knoblauch schälen, fein hacken und mit Cremefine, Senf, Zitronensaft, Öl und einem Schuss Essig zu einer homogenen Masse rühren. Mit Salz und Pfeffer abschmecken.

4. Das Hähnchen in Scheiben schneiden, Eier pellen und halbieren oder vierteln. Alles auf 2 Tellern anrichten und mit Parmesan garnieren. Dazu passt etwas Ciabatta.

Steak-Salat Asia-Style

Nährwerte pro Portion (bei insgesamt 2 Portionen)
Kilokalorien: **563,9 kcal** | Kohlenhydrate: **52,5 g** | Eiweiß: **52,5 g** | Fett: **14,7 g**

FÜR 2 PORTIONEN

200 g grüne Bohnen
100 g Glasnudeln
2 kleine Snack-Gurken
½ Bund Radieschen
frische Kräuter (z. B. Koriander)
300 g Rindersteak aus der Hüfte
Ölspray oder Öl zum Braten
100 g Edamame (fertig zum Verzehr)
etwas schwarzer Sesam (nach Belieben)

Für das Dressing:

1 Knoblauchzehe
1 Stück Ingwer (etwa 1–2 cm)
1–2 TL Zitronensaft
1 Prise Zucker
Salz
Pfeffer
1 EL Teriyaki-Soße
1 TL Öl (z. B. Sesamöl)

1. Bohnen waschen, putzen und ca. 15 Minuten in Salzwasser kochen. Glasnudeln nach Packungsanweisung zubereiten.

2. Gurken waschen und in Scheiben schneiden. Radieschen waschen, Grün entfernen und ebenfalls in Scheiben schneiden. Die Kräuter waschen, trocken schütteln und fein hacken.

3. Für das Dressing Knoblauch schälen und pressen. Ingwer schälen und in feine Streifen schneiden. Beides mit Zitronensaft, Zucker, Salz, Pfeffer, Teriyaki-Soße und Öl vermengen.

4. Die Steaks in einer heißen Pfanne mit Ölspray kurz von beiden Seiten anbraten. Den Gargrad je nach Belieben selbst bestimmen. Für medium braucht das Steak ca. 3 Minuten. Das Steak mit Salz und Pfeffer würzen und kurz in der Pfanne ruhen lassen.

5. Alle Zutaten in geeigneten Schüsseln zu einer Bowl anrichten. Das Steak in Streifen schneiden und darauf drapieren. Nach Belieben mit schwarzem Sesam bestreuen.

Nudeln mit Brokkoli-Pesto

Nährwerte pro Portion (bei insgesamt 2 Portionen)
Kilokalorien: **878,9 kcal** | Kohlenhydrate: **115,5 g** | Eiweiß: **36,8 g** | Fett: **26,1 g**

FÜR 2 PORTIONEN

300 g Nudeln
400 g Brokkoli
50 g Mandeln
20 g Olivenöl
20 Blätter Basilikum
50 ml Gemüsebrühe
1 EL Parmesan
100 g Frischkäse (0,2 % Fett)

1. Nudeln nach Packungsanweisung in reichlich Salzwasser al dente kochen. In der Zwischenzeit Brokkoli putzen, Strunk entfernen und in kleine Röschen teilen. In reichlich Salzwasser etwa 5 Minuten bissfest kochen.

2. Die Mandeln in der Zwischenzeit in einer Pfanne ohne Öl rösten.

3. Den Brokkoli kalt abschrecken und gemeinsam mit allen Zutaten (außer den Nudeln) in einem Küchenzerkleinerer zu einem Pesto schreddern.

4. Die Nudeln mit dem Pesto servieren.

TIPP:
Das Pesto lässt sich super vorkochen und am nächsten Tag als Dip etc. verwenden.

Falsches Gyros

Nährwerte pro Portion (bei insgesamt 2 Portionen)
Kilokalorien: **538,9 kcal** | Kohlenhydrate: **65,5 g** | Eiweiß: **51,0 g** | Fett: **7,7 g**

FÜR 2 PORTIONEN

400 ml Gemüsebrühe
1 EL Tomatenmark
Salz
150 g Kritharaki (Nudeln in Reisform)
½ grüne Paprikaschote
1 Knoblauchzehe
1 Zwiebel
400 g Putenschnitzel
Gyrosgewürz
Pfeffer
Ölspray oder Öl zum Braten
50 ml Sahneersatz (Cremefine, 7 % Fett)
Tsatsiki zum Servieren (nach Belieben)

1. Gemüsebrühe in einem großen Topf zum Kochen bringen und Tomatenmark unterrühren. Gut salzen. Die Nudeln darin nach Packungsanweisung in ca. 15 Minuten gar kochen.

2. In der Zwischenzeit Paprikaschote waschen, Kerne entfernen und in Würfel schneiden. Knoblauch und Zwiebel schälen und fein würfeln.

3. Die Putenschnitzel in mundgerechte Stücke schneiden, mit Gyrosgewürz, Salz und Pfeffer würzen und in einer gut beschichteten Pfanne mit etwas Ölspray anbraten. Paprikaschote, Knoblauch und Zwiebel hinzugeben und mitbraten.

4. Die Nudeln mit einer Schöpfkelle aus dem Topf nehmen und mit etwas Nudelwasser zum Fleisch geben. Alles miteinander verrühren, einköcheln lassen und mit Sahneersatz verfeinern.

5. Nach Belieben mit Tsatsiki servieren.

Hähnchen-Ratatouille

Nährwerte pro Portion (bei insgesamt 2 Portionen)
Kilokalorien: **417,4 kcal** | Kohlenhydrate: **19,9 g** | Eiweiß: **50,9 g** | Fett: **12,3 g**

FÜR 2–3 PORTIONEN

300 g Champignons
je 1 rote, gelbe und grüne Paprikaschote
1 Zucchini
2 mittelgroße Tomaten
frische Kräuter (oder italienische Kräuter; Fertigmischung) zum Bestreuen
1 rote Zwiebel
1 Knoblauchzehe
Salz
Pfeffer
400 g Hähnchenbrustfilet
1 EL Olivenöl
2 EL heller Balsamicoessig
etwas Kräuterquark zum Servieren (nach Belieben)

1. Champignons putzen und in Scheiben schneiden. Paprikaschoten waschen, Kerne entfernen und in Stücke schneiden. Zucchini waschen, putzen und in Scheiben schneiden. Tomaten waschen, Stielansatz entfernen und in Stücke schneiden. Die Kräuter zum Bestreuen waschen, trocken schütteln und fein hacken.

2. Zwiebel schälen und in kleine Würfel schneiden. Knoblauch schälen und fein pressen.

3. Das Gemüse mit Zwiebel und Knoblauch in einer gut beschichteten Pfanne andünsten und mit Salz und Pfeffer abschmecken.

4. Hähnchenbrüste waschen, trocken tupfen und in einer Pfanne 5–6 Minuten von allen Seiten anbraten.

5. Olivenöl und den Essig über das Gemüse geben und gemeinsam mit dem aufgeschnittenen Fleisch und den frischen Kräutern servieren. Dazu schmeckt ein Klecks Kräuterquark.

High-Protein-Pizzarolle

Nährwerte pro Portion (bei insgesamt 2 Portionen)
Kilokalorien: **466,7 kcal** | Kohlenhydrate: **10,2 g** | Eiweiß: **51,0 g** | Fett: **24,3 g**

FÜR 2 PORTIONEN

150 g Magerquark
3 Eier
120 g geriebener Käse
Salz
Pfeffer
italienische Kräuter (Fertigmischung)
1 EL Schnittlauchröllchen

Für das Topping:

4 EL passierte Tomaten
1 mittelgroße Tomate
1 Handvoll Rucola
4–5 Scheiben Kochschinken
2 Scheiben Käse light (30 % Fett)

1. Den Backofen auf 180 °C Umluft vorheizen. Ein Blech mit Backpapier belegen.
2. Den Quark mit Eiern und Käse verrühren und mit Salz, Pfeffer, italienischen Kräutern und Schnittlauch würzen.
3. Die Masse auf dem Blech verstreichen (nicht zu dünn) und ca. 15 Minuten backen.
4. Die passierten Tomaten gut mit Salz und Pfeffer würzen. Die Tomate waschen, Stielansatz entfernen und in feine Scheiben schneiden. Rucola waschen und trocken schütteln.
5. Den fertigen Pizzaboden aus dem Backofen holen und mit allen Zutaten belegen, dann aufrollen und portionsweise in Röllchen schneiden.

TIPP:
Dieses Rezept schmeckt der ganzen Familie und lässt sich nach Belieben belegen.

Putenrouladen

Nährwerte pro Portion (bei insgesamt 2 Portionen)
Kilokalorien: **644,2 kcal** | Kohlenhydrate: **18,3 g** | Eiweiß: **97,2 g** | Fett: **18,6 g**

FÜR 2 PORTIONEN

4 Putenschnitzel
Salz
Pfeffer
4 Scheiben Kochschinken
4 EL Frischkäse (0,2 % Fett)
3 Stängel frische Petersilie
Ölspray oder Öl zum Braten
200 ml Sahneersatz (Cremefine, 7 % Fett)
½ Pck. Zwiebelsuppen-Fertigpulver
1 Knoblauchzehe
1 Brokkoli
10 g Butter
1 Prise Meersalz

1. Putenschnitzel waschen, abtupfen, nach Belieben noch flacher klopfen, mit Salz und Pfeffer bestreuen, mit jeweils 1 Scheibe Kochschinken belegen und mit dem Frischkäse bestreichen. Petersilie waschen, trocken schütteln, fein hacken und die Schnitzel damit bestreuen.

2. Die Putenschnitzel zu Rouladen rollen, mit einem Zahnstocher (oder Garn) fixieren und in einer gut beschichteten Pfanne mit etwas Ölspray von allen Seiten anbraten, bis sie fast durch sind.

3. In der Zwischenzeit Sahneersatz mit dem Zwiebelsuppen-Pulver verrühren, zu den Rouladen geben und die Rouladen mit geschlossenem Deckel fertig garen. Bei Bedarf noch etwas Flüssigkeit hinzugeben.

4. Währenddessen Knoblauch schälen und pressen. Brokkoli waschen, putzen, Strunk entfernen und in Röschen brechen. In heißem Wasser ca. 10 Minuten bissfest garen und anschließend in einer Pfanne mit etwas Butter und dem Knoblauch andünsten, mit dem Meersalz bestreuen.

5. Die fertigen Rouladen zusammen mit dem Brokkoli servieren (nicht vergessen: Zahnstocher bitte entfernen).

Cremige Mamaliga

Nährwerte pro Portion (bei insgesamt 2 Portionen)
Kilokalorien: **237,7 kcal** | Kohlenhydrate: **37,0 g** | Eiweiß: **11,2 g** | Fett: **3,2 g**

FÜR 2 PORTIONEN

400 ml ungesüßte Mandelmilch
80 g Maisgrieß (Polenta)
100 g Magerquark (oder fettreduzierter Joghurt)
60 Tropfen Flüssigsüßstoff (oder 6 g Flavour-Puder)
150 g gemischte Beeren (frisch oder aufgetaute TK-Ware)

1. Milch in einem Topf zum Köcheln bringen und den Maisgrieß unter ständigem Rühren einrieseln lassen. Etwa 5 Minuten weiter leicht köcheln lassen, bis der Maisgrieß weich ist.

2. Vor dem Servieren den Magerquark unterheben und alles gut süßen.

3. Mit den Beeren servieren.

TIPP:
Mamaliga ist ein vielseitiges, rumänisches Gericht, das man zum Frühstück oder auch als Beilage essen kann. Auf Seite 77 habe ich noch ein weiteres leckeres Mamaliga-Rezept für dich!

Mamaliga-Schnitten

Nährwerte pro Stück (bei insgesamt 8 Stücken)
Kilokalorien: **83,7 kcal** | Kohlenhydrate: **13,2 g** | Eiweiß: **2,3 g** | Fett: **2,0 g**

FÜR 6–8 STÜCK

400 ml ungesüßte Mandelmilch
1 Prise Salz
etwas Vanille-Aroma oder Vanille-Flavour
100 g Maisgrieß (Polenta)
1 Ei (Größe M)
6 ml Flüssigsüßstoff (oder 11 g Flavour-Pulver)
1 Handvoll Erdbeeren
2 EL Zimt
2 EL Erythrit-Puder
Ölspray oder Öl zum Anbraten

1. Die Milch mit Salz und Vanille in einem Topf zum Kochen bringen und den Maisgrieß unter ständigem Rühren einrieseln lassen.

2. Die Hitze reduzieren und unter Rühren weiter köcheln lassen, bis der Maisgrieß zähflüssig wird. Dann das Ei mit dem Süßstoff unter ständigem Rühren dazugeben.

3. Die Masse etwa 1 cm hoch auf ein mit Backpapier ausgelegtes Blech streichen und etwa 20 Minuten in den Kühlschrank stellen. In der Zwischenzeit die Erdbeeren mit einem Stabmixer pürieren. Nach Belieben Zimt und Zucker vermischen.

4. Den Maisgrieß in etwa 4 x 6 cm große Stücke schneiden. Diese kurz in einer Pfanne mit etwas Ölspray oder ganz wenig Öl anbraten und mit den pürierten Erdbeeren und Zimt-Zucker servieren.

Rhabarber-Teilchen

Nährwerte pro Stück (bei insgesamt 8 Stücken)
Kilokalorien: **167,3 kcal** | Kohlenhydrate: **20,4 g** | Eiweiß: **6,4 g** | Fett: **6,4 g**

FÜR 6–8 STÜCK

1 Ei (Größe M)
1 Pck. Vanillezucker
110 g Erythrit-Puder (oder 11 g Flavour-Pulver)
20 g Speisestärke
20 g Vanille-Puddingpulver
250 g Magerquark
50 g Rhabarber
1 Pck. Blätterteig light
optional: Puderzucker zum Servieren

1. Den Backofen auf 180 °C Ober-/Unterhitze vorheizen. Ein Blech mit Backpapier belegen.
2. Das Ei mit Vanillezucker, Erythrit-Puder, Speisestärke und Puddingpulver cremig schlagen, anschließend den Magerquark unterheben. Rhabarber waschen, putzen und in kleine Stückchen schneiden.
3. Den Blätterteig ausrollen und (je nach Größe) in 6–8 gleich große Rechtecke schneiden. In die Mitte von jedem Rechteck etwas Quarkmasse und ein paar Stücke Rhabarber geben. 2 Ecken des Blätterteigs nehmen und in der Mitte gut zusammendrücken.
4. Auf das Backblech legen und in etwa 20 Minuten goldbraun backen. Mit Puderzucker garnieren und genießen.

Die meist gestellten Fragen auf Instagram rund ums Abnehmen

Ich nehme nicht mehr ab, was kann ich tun?

Von einem Stillstand spricht man tatsächlich erst ab der 3. oder 4. Woche. Ganz viele denken, dass man jeden Tag ein Minus auf der Waage sehen muss, wenn man auf Diät ist. Das ist so leider nicht richtig. Gerade in eine gesunde Ernährung werden gesunde Ballaststoffe und Kohlenhydrate eingebaut, welche der Körper erst mal verdauen muss. Dies dauert einfach seine Zeit, daher rate ich davon ab, sich täglich zu wiegen, wenn man mit einer kurzzeitigen Zunahme nicht umgehen kann. Auch Sport und mehr Bewegung können zu einem kurzzeitigen Anstieg des Gewichts führen – aber keine Panik, das verschwindet. Also gib dem Körper seine Zeit und kontrolliere durch eine Kcal-Zähl-App, ob du im Defizit bist, also mehr Kalorien verbrauchst als du zu dir nimmst.

Wie hoch sollte ein Kcal-Defizit sein?

Ein gesundes Defizit liegt bei 300 bis 500 kcal am Tag. Leider spucken Kcal-Zähl-Apps immer ein viel zu hohes Defizit aus. Wer ein zu hohes Defizit fährt, nimmt nicht langfristig ab. Der Körper wird bei einer Crash-Diät nicht ausreichend mit Nährstoffen versorgt, was auf Dauer zu Heißhungerattacken oder im schlimmsten Fall zu einer Essstörung führt.

Wie errechne ich die Kcal von einem Gericht? Was ist eine Portion?

Einzelne Lebensmittel wie zum Beispiel eine Banane kann man super abwiegen und in eine Kcal-Zähl-App eingeben. Bei einem Eintopf zum Beispiel wiege ich alle Zutaten einzeln ab und gebe sie in die App ein. Wiege den leeren Topf vorher, dann mit Inhalt und ziehe das Gewicht des Topfes ab. Dadurch habe ich ein Gesamtgewicht und kann festlegen, wie viel eine Portion ist. Wenn dir das Wiegen zu anstrengend ist, muss ich dich enttäuschen – es gibt beim Abnehmen keine Abkürzung oder einen einfachen Weg. Aber ich kann dich beruhigen, du wirst sehr schnell geübt sein.

Wie viel kann ich realistisch pro Woche abnehmen?

Wenn du deine Bewegung erhöhst und ein Defizit von 500 kcal täglich fährst, sind 0,5 bis 1 kg im Durchschnitt pro Woche möglich. Den Wochendurchschnitt solltest du auf den Monat betrachtet errechnen. Es kann nämlich sein, dass du in der ersten Woche ein Minus von 2,8 kg hast und die Woche darauf ein Plus von 200 g. Das Plus auf der Waage kann dich etwas runterziehen, aber wenn du den Durchschnitt von beiden Wochen errechnest, bist du immer noch mehr als überdurchschnittlich. Daher sollte man immer den ganzen Monat sehen und nicht die einzelne Woche. Wenn du nichts falsch gemacht hast, kannst du dir auch nichts vorwerfen.

One Pot

Gnocchi-Spinat-Pfanne

Nährwerte pro Portion (bei insgesamt 2 Portionen)
Kilokalorien: **504,4 kcal** | Kohlenhydrate: **87,5 g** | Eiweiß: **17,3 g** | Fett: **5,1 g**

FÜR 2 PORTIONEN

500 g Gnocchi (aus der Frischetheke)
Öl zum Anbraten
500 g frischer Babyspinat
1 weiße Zwiebel
200 ml Gemüsebrühe
150 g Frischkäse (0,2 % Fett)
italienische Kräuter (Fertigmischung)
Salz
Pfeffer
1 Handvoll getrocknete Tomaten (alternativ frische Cocktailtomaten)
optional: etwas geriebener Parmesan zum Servieren

1. Gnocchi in einer Pfanne mit wenig Öl anbraten. Spinat waschen und gut abtropfen lassen.
2. Zwiebel schälen, in kleine Würfel schneiden und in einer zweiten Pfanne glasig dünsten. Den Spinat und die Gemüsebrühe dazugeben.
3. Anschließend mit Frischkäse, Kräutern, Gewürzen und den Tomaten zu einer Soße rühren.
4. Am Ende die Gnocchi dazugeben und mit Parmesan bestreut servieren.

Maultaschenpfanne

Nährwerte pro Portion (bei insgesamt 4 Portionen)
Kilokalorien: **273,8 kcal** | Kohlenhydrate: **26,4 g** | Eiweiß: **17,9 g** | Fett: **9,7 g**

FÜR 4 PORTIONEN

1 rote Zwiebel
100 g Paprikaschote (rote, gelbe und grüne, nach Belieben)
250 g Maultaschen
100 g Champignons
300 g frischer Blattspinat
Ölspray oder Öl zum Braten
300 g stückige Tomaten (aus der Dose)
250 g Frischkäse (0,2 % Fett)
Salz
Pfeffer
Paprikapulver (edelsüß)
50 g geriebener Käse light (30 % Fett)

1. Zwiebel schälen, in kleine Stücke schneiden. Paprikaschoten waschen, entkernen, in Streifen schneiden. Maultaschen ebenfalls in Streifen schneiden. Champignons putzen und vierteln. Spinat waschen und gut abtropfen lassen.

2. Die Zwiebeln in einer großen Pfanne mit etwas Ölspray andünsten. Paprikaschoten dazugeben und mit anbraten. Maultaschen 3 Minuten mitbraten. Anschließend die Champignons hinzugeben und kurz mitbraten. Mit den Tomaten ablöschen und den Spinat dazugeben.

3. Den Frischkäse unterrühren und alles gut würzen. Den Käse darüber streuen und servieren.

TIPP:

Ein super Rezept: schnell gemacht und wunderbar zum Vorbereiten!

Mexikanischer Eintopf

Nährwerte pro Portion (bei insgesamt 4 Portionen)
Kilokalorien: **433,7 kcal** | Kohlenhydrate: **38,3 g** | Eiweiß: **37,6 g** | Fett: **10,8 g**

FÜR 4 PORTIONEN

2 weiße Zwiebeln
1 Knoblauchzehe
etwas Öl zum Braten
500 g mageres Rinderhackfleisch
300 g Möhren
1 rote Paprikaschote
350 g Mais (aus der Dose)
200 g lange, grüne Bohnen (aufgetaute TK-Ware)
200 g Kidneybohnen
500 ml Gemüsebrühe
800 g Dosentomaten
1 TL Pizzagewürz
2 EL scharfer Dijonsenf
Salz
Pfeffer
Zucker
etwas Creme légère (15 % Fett) und Petersilie zum Garnieren

1. Zwiebeln schälen und in feine Würfel schneiden. Knoblauch schälen und dazupressen.

2. Öl in einem großen Topf erhitzen und die Zwiebel und den Knoblauch darin andünsten. Das Hackfleisch dazugeben und krümelig anbraten.

3. In der Zwischenzeit die Möhren waschen, putzen, das Grün entfernen und die Möhren in kleine Streifen schneiden. Paprikaschote waschen, Kerne entfernen und ebenfalls in Streifen schneiden. Gemeinsam mit dem restlichen Gemüse zum Fleisch geben und kurz anbraten

4. Mit der Gemüsebrühe ablöschen und die Tomaten dazugeben. Alles ca. 15 Minuten köcheln lassen, bis das Gemüse weich ist.

5. Pizzagewürz und Senf in die Suppe einrühren, mit Salz, Pfeffer und Zucker würzen und mit Creme légère abschmecken. Die Petersilie waschen, trocken schütteln und fein hacken. Den Eintopf damit garnieren.

TIPP:

Dieses Gericht ist perfekt geeignet, wenn man noch ein paar Reste im Kühlschrank hat, da man hier kreativ werden darf – alles, was schmeckt, darf mit verwendet werden. Und noch dazu lässt es sich super vorkochen.

Chili sin carne

Nährwerte pro Portion (bei insgesamt 4 Portionen)
Kilokalorien: **459,6 kcal** | Kohlenhydrate: **68,8 g** | Eiweiß: **24,3 g** | Fett: **5,4 g**

FÜR 4 PORTIONEN

1 Zwiebel
1 Knoblauchzehe
Ölspray oder Öl zum Braten
2 vorwiegend festkochende Kartoffeln
200 g rote Linsen
2 EL Tomatenmark
1 l Gemüsebrühe
1 Dose passierte Tomaten (ca. 400 g)
1 große Dose Kidneybohnen (ca. 400 g)
1 Dose Mais (ca. 300 g)
50 ml Sahneersatz (Cremefine, 7 % Fett)
1 TL Paprikapulver (edelsüß)
Salz
Pfeffer
1 TL Currypulver
1 TL Backkakao (nach Belieben)

1. Zwiebel schälen und in kleine Würfel schneiden, Knoblauch schälen und pressen. Beides zusammen mit Ölspray in einem Topf ca. 3 Minuten auf mittlerer Hitze dünsten.

2. In der Zwischenzeit die Kartoffeln waschen, schälen, in 1–2 cm große Würfel schneiden und dazugeben. Die roten Linsen in einem Sieb gut durchspülen und ebenfalls dazugeben. Tomatenmark mit in den Topf geben und kurz anrösten. Mit der Gemüsebrühe ablöschen und etwa 15–20 Minuten köcheln, bis die Kartoffeln weich sind. Die passierten Tomaten unterrühren.

3. Kidneybohnen und Mais abtropfen lassen und zum Chili geben. Mit Sahneersatz und den Gewürzen abschmecken.

4. Den Backkakao kann man am Ende optional unterrühren, damit das Chili eine schöne Farbe bekommt.

TIPP:

Das Chili enthält sehr viele Ballaststoffe und ist aufgrund der Hülsenfrüchte sehr sättigend. Es eignet sich perfekt als Meal Prep, zum Vorkochen und zum Einfrieren.

Curry-Hähnchen-Pfanne mit Reis

Nährwerte pro Portion (bei insgesamt 2 Portionen)
Kilokalorien: **673,0 kcal** | Kohlenhydrate: **101,2 g** | Eiweiß: **45,8 g** | Fett: **6,6 g**

FÜR 2 PORTIONEN

1 weiße Zwiebel
1 Knoblauchzehe
½ Zucchini
1 Karotte
1 rote Paprikaschote
200 g Hähnchenbrustfilet
Ölspray oder Öl zum Braten
1 EL Tomatenmark
400 ml Gemüsebrühe
200 g Reis
200 g Erbsen (aufgetaute TK-Ware)
1 TL Currypulver
Pfeffer
Salz
1 EL gehackte Petersilie

1. Zwiebel schälen und in kleine Würfel schneiden. Knoblauch schälen und pressen. Zucchini und Karotte waschen, putzen und in kleine Würfel schneiden. Paprikaschote waschen, entkernen und ebenfalls würfeln. Hähnchenfleisch waschen, trocken tupfen und in mundgerechte Stücke schneiden.

2. Zwiebel und Knoblauch in einem großen Topf mit etwas Öl andünsten. Das Hähnchenfleisch dazugeben und mit anbraten. Zucchini, Karotte und Paprikaschote ebenfalls mit anbraten.

3. Tomatenmark dazugeben und kurz anrösten, mit der Gemüsebrühe ablöschen und Reis sowie Erbsen dazugeben, dabei beachten, dass der Reis mit Flüssigkeit bedeckt ist.

4. Jetzt den Deckel daraufsetzen und 15–20 Minuten köcheln, bis der Reis durch ist. Mit den Gewürzen und den Kräutern abschmecken.

Blumenkohl-Shakshuka

Nährwerte pro Portion (bei insgesamt 2 Portionen)
Kilokalorien: **213,4 kcal** | Kohlenhydrate: **13,8 g** | Eiweiß: **12,9 g** | Fett: **10,2 g**

FÜR 2 PORTIONEN

300 g Blumenkohl
1 kleine weiße Zwiebel
2 Knoblauchzehen
½ rote Paprikaschote
100 g Tomaten
Ölspray oder Öl zum Braten
100 ml Gemüsebrühe
1 TL Paprikapulver (edelsüß)
Salz
Pfeffer
1 TL Piri-Piri-Gewürz
3 Eier
1 EL frische, gehackte Kräuter zum Bestreuen
optional: Brot zum Servieren

1. Blumenkohl waschen, putzen, den Strunk entfernen und in kleine Röschen brechen. Zwiebel und Knoblauch schälen und in feine Würfel schneiden. Paprikaschote waschen, entkernen und in 1 cm große Würfel schneiden. Tomaten waschen, Stielansatz entfernen und ebenfalls in 1 cm große Würfel schneiden.

2. In einer Pfanne Zwiebel, Paprikaschote und Knoblauch mit Ölspray andünsten. Nach 5 Minuten den Blumenkohl, die Tomaten und die Brühe dazugeben.

3. Die Gewürze mit einrühren und 5 Minuten köcheln lassen. Eier vorsichtig aufschlagen und in die Soße geben. Alles mit einem Deckel bedecken und 5–7 Minuten stocken lassen.

4. Die Shakshuka mit den Kräutern und Brot servieren.

Würstchen-Eintopf mit Kohlrabi

Nährwerte pro Portion (bei insgesamt 2 Portionen)
Kilokalorien: **426,2 kcal** | Kohlenhydrate: **42,2 g** | Eiweiß: **31,2 g** | Fett: **12,9 g**

FÜR 2–3 PORTIONEN

1 weiße Zwiebel
150 g magere Schinkenwürfel
Ölspray oder Öl zum Braten
250 g vorwiegend festkochende Kartoffeln
2 Kohlrabi
2 Karotten
250 ml Gemüsebrühe (evtl. mehr nach Bedarf)
1 EL Speisestärke
3 Geflügelwiener
Salz
Pfeffer
Muskatnuss
100 g Frischkäse Balance mit Kräutern

1. Zwiebel schälen und in kleine Würfel schneiden. Gemeinsam mit den Schinkenwürfeln in einem großen Topf mit Ölspray anbraten.

2. In der Zwischenzeit die Kartoffeln, Kohlrabi und Karotten waschen, putzen, schälen und in Würfel schneiden. Das Gemüse mit in den Topf geben und mit der Gemüsebrühe begießen, bis das Gemüse weitgehend abgedeckt ist.

3. Alles für 15–20 Minuten köcheln lassen, bis das Gemüse den gewünschten Gargrad hat. Die Speisestärke einrühren.

4. Geflügelwiener in Scheiben schneiden und die letzten 5 Minuten mit in den Topf geben. Nicht zu stark kochen lassen, da die Wiener sich sonst aufblähen. Mit Salz, Pfeffer und Muskatnuss abschmecken und mit dem Frischkäse abrunden.

Tomatenrisotto

Nährwerte pro Portion (bei insgesamt 2 Portionen)
Kilokalorien: **419,0 kcal** | Kohlenhydrate: **44,2 g** | Eiweiß: **30,6 g** | Fett: **12,1 g**

FÜR 2 PORTIONEN

1 weiße Zwiebel
1 Knoblauchzehe
Ölspray oder Öl zum Braten
80 g Risottoreis
100 g Erbsen
40 g Tomatenmark
350 ml Gemüsebrühe
2 Tomaten
1 Kugel Mozzarella light (ca. 200 g)
etwas Essig
Salz
Pfeffer
italienische Kräuter (Fertigmischung)

1. Zwiebel und Knoblauch schälen und in feine Würfel schneiden. In einer Pfanne mit etwas Ölspray andünsten. Nach 3 Minuten Risottoreis, Erbsen und Tomatenmark dazugeben und anrösten.

2. Mit der Gemüsebrühe ablöschen und ca. 10 Minuten köcheln lassen.

3. Die Tomaten waschen, Stielansatz entfernen und in Würfel schneiden. Den Mozzarella in kleine Stücke zupfen. Beides für etwa 5 Minuten mit ins Risotto geben.

4. Mit etwas Essig, Salz, Pfeffer und Kräutern abschmecken.

Stresslevel runter, Anspannung raus

Wir leben in einer Welt voller Stress. Ich denke, es gibt keinen einzigen Tag, an dem ich selbst nicht gestresst bin. Früher in der Steinzeit war Stress super! Mal angenommen, ein Steinzeitmensch ist durch den Urwald spaziert und plötzlich kam ein Tiger aus dem Busch rausgesprungen. Sofort schalteten sich alle Stressrezeptoren an, und der Körper schüttet Adrenalin und Cortisol aus. Wieso? Um so mehr Energie für Kampf oder Flucht freizuschalten. Stress war damit überlebensnotwendig! Durch die Aktivitäten wurden die ausgeschütteten Hormone aber auch gleich wieder abgebaut. Heutzutage springen keine Tiger mehr aus den Büschen, dafür kann es aber sein, dass der Chef im Büro anklopft und ein »Vier-Augen-Gespräch« wünscht. Was passiert? Stress: Was will der Chef von mir? Was habe ich falsch gemacht? Der Körper schüttet Cortisol aus, aber wir brauchen diese Energie weder für die Flucht noch zum Kampf. Am Schreibtisch kommen wir also nicht dazu, die ausgeschütteten Hormone wieder abzubauen. Was dann passiert, ist ganz simpel: Blutdruck, Blutzuckerspiegel und die Herzfrequenz bleiben erhöht, und wir bekommen Heißhunger. Unser Körper bremst den Fettstoffwechsel aus, und unsere Abnahme wird verhindert. Es ist also wichtig, den Stresslevel niedrig zu halten oder zu senken, um abzunehmen. Denn Stress ist in jeder Hinsicht kontraproduktiv. Was also kannst du tun, um den Stress in deinem Leben zu reduzieren und deinen Stresslevel zu senken:

- Bewegung wie z. B. ein Spaziergang reguliert den Stresslevel und steigert ganz nebenbei die Stimmung.

- Ausdauersport (z. B. Cardio) senkt den Cortisolspiegel, da beim Ausdauersport (mit mäßiger Belastung) Endorphine freigesetzt werden, die die Stresshormone abbauen und außerdem für ein entspanntes Gefühl sorgen.

- Einfach mal laut schreien, wenn der Stress dafür sorgt, dass du körperlich sehr angespannt bist. Der Bauch ist verkrampft, die Schultern hochgezogen, die Stirn liegt in Falten – dann tut ein lauter Schrei von innen heraus gut. Damit dich niemand hört, kannst du in den Wald gehen oder in ein Kissen schreien. Let it out!

- Meditieren und atmen. Wenn wir gestresst sind, atmen wir flacher. Die flache Brustatmung versorgt uns aber nicht so gut mit Sauerstoff wie die tiefe Bauchatmung. Suche dir also einen ruhigen Ort, nimm einen bequemen Sitz ein und meditiere 3 Minuten lang. Konzentriere dich auf deinen Atem, atme tief in den Bauch ein und langsam aus. Versuche, deine Atmung ganz bewusst zu verlangsamen.

- Einen Stressball kneten, drücken, quetschen hilft dabei, Stress abzubauen und bringt Körper und Seele wieder ins Gleichgewicht. Puls und Blutdruck sinken, und die Atmung beruhigt sich. Gerade wenn du nicht die Möglichkeit hast, dich zu bewegen oder spazierenzugehen, ist das eine gute Methode, den Stress abzubauen. Wer dazu tendiert, bei Stress zu essen, kocht sich stattdessen einen leckeren Tee!

Aus dem Ofen

Ofen-Schnitzel-Spaghetti

Nährwerte pro Portion (bei insgesamt 4 Portionen)
Kilokalorien: **332,9 kcal** | Kohlenhydrate: **38,5 g** | Eiweiß: **29,5 g** | Fett: **5,9 g**

FÜR 4 PORTIONEN

150 g Spaghetti
1 Zwiebel
2 Karotten
½ Knolle Sellerie
300 g stückige Tomaten
100 ml Gemüsebrühe
100 ml Sahneersatz (Cremefine, 7 % Fett)
Salz
Pfeffer
italienische Kräuter (Fertigmischung)
350 g Putenbrust
50 g geriebener Käse light (30 % Fett)

Auflaufform

1. Den Backofen auf 180 °C Ober-/Unterhitze vorheizen. Spaghetti nach Packungsanweisung in reichlich Salzwasser al dente kochen.

2. In der Zwischenzeit Zwiebel schälen und in kleine Würfel schneiden. Karotten und Sellerie waschen, putzen und in kleine Würfel schneiden.

3. Zwiebeln in einer Pfanne glasig andünsten. Karotte und Sellerie dazugeben und 3 Minuten mit andünsten. Mit den Tomaten, Gemüsebrühe und Sahneersatz ablöschen und kurz köcheln lassen. Gut würzen.

4. Die Putenbrust waschen, trocken tupfen und in mundgerechte Streifen schneiden.

5. Nudeln mit der Soße und den Putenstreifen in die Auflaufform geben. Mit Käse bestreuen und etwa 20 Minuten überbacken.

TIPP:
Ich mag Nudelgerichte aus dem Ofen einfach super gerne. Mit wenig Aufwand zauberst du so ein leckeres, gesundes und einfach zu kochendes Abendessen. Deswegen habe ich dir auf S. 106 (Cremige Ofen-Nudeln) und S. 109 (Schnelle Ofen-Pasta mit Erbsen und Möhren) noch 2 weitere Ofen-Nudelgerichte aufgeschrieben.

Cremige Ofen-Nudeln

Nährwerte pro Portion (bei insgesamt 2 Portionen)
Kilokalorien: **542,0 kcal** | Kohlenhydrate: **51,9 g** | Eiweiß: **47,8 g** | Fett: **15,0 g**

FÜR 2 PORTIONEN

300 g Hähnchenbrustfilet
200 ml Sahneersatz (Cremefine, 7 % Fett)
italienische Kräuter (Fertigmischung)
Salz
Pfeffer
Paprikapulver
Currypulver
120 g Nudeln (z. B. Spaghetti oder Bandnudeln)
2 Handvoll Cocktailtomaten
½ Zucchini
ca. 100 ml Hühnerbrühe
50 g geriebener Käse light (30 % Fett)

Auflaufform

1. Den Backofen auf 180°C Umluft vorheizen. Das Hähnchenfleisch waschen und trocken tupfen.

2. Für die Soße Sahneersatz mit den Kräutern und Gewürzen vermengen und beiseite stellen.

3. Die (ungekochten) Nudeln in die Mitte der Auflaufform geben, die Hähnchenbrüste jeweils in die Ecken legen. Die Cocktailtomaten waschen, halbieren und dazugeben. Die Zucchini waschen, in dünne Scheiben schneiden, diese halbieren und ebenfalls in die Form geben. Alles mit der Soße übergießen und darauf achten, dass die Nudeln bedeckt sind, nach Bedarf Hühnerbrühe nachgießen.

4. Mit Käse bestreuen und ca. 15 Minuten backen, bis das Hähnchen und die Nudeln gar sind.

Schnelle Ofen-Pasta mit Erbsen und Möhren

Nährwerte pro Portion (bei insgesamt 4 Portionen)
Kilokalorien: **477,2 kcal** | Kohlenhydrate: **62,4 g** | Eiweiß: **23,9 g** | Fett: **13,3 g**

FÜR 3–4 PORTIONEN

250 ml Sahneersatz (Cremefine, 7 % Fett)
1½ TL Gemüsebrühe
Paprikapulver
Pfeffer
Salz
300 g Röhrchennudeln
250 g Erbsen und Möhren (aus der Dose)
150 g Kassler Aufschnitt (oder Putenschinken)
50 g Schmelzkäse light (9 % Fett)
60 g geriebener Käse light (30 % Fett)

Auflaufform

1. Den Backofen auf 180 °C Umluft vorheizen. Für die Soße Sahneersatz mit 150 ml Wasser und der Gemüsebrühe verrühren. Mit Paprikapulver, Salz und Pfeffer würzen und beiseite stellen.

2. Nudeln in eine Auflaufform geben, Erbsen und Möhren abgießen und darüber verteilen. Den Kassler Schinken klein schneiden und dazugeben.

3. Mit der Soße bedecken und darauf achten, dass alle Nudeln mit Flüssigkeit bedeckt sind. Bei Bedarf etwas Wasser hinzufügen.

4. Den Schmelzkäse in die Mitte geben und alles mit Käse bestreuen. Im Ofen ca. 15 Minuten garen.

Hawaii-Hähnchen

Nährwerte pro Portion (bei insgesamt 2 Portionen)
Kilokalorien: **563,6 kcal** | Kohlenhydrate: **76,3 g** | Eiweiß: **41,9 g** | Fett: **9,6 g**

FÜR 2 PORTIONEN

2 Hähnchenbrustfilets
Salz
Pfeffer
1 TL Currypulver
Ölspray oder Öl zum Braten
1 Kochbeutel Reis (z. B. Jasminreis)
1 EL Schmelzkäse light (9 % Fett)
200 ml Gemüsebrühe
15 g Speisestärke
etwas Limettensaft
2 Scheiben Kochschinken
200 g Ananas (aus der Dose, Abtropfgewicht)
2 Scheiben Käse light (30 % Fett)

Auflaufform

1. Hähnchenbrust waschen, trocken tupfen, salzen, pfeffern und mit Currypulver einreiben. Von beiden Seiten in der Pfanne mit Ölspray gut anbraten, bis das Hähnchen fast durch ist.

2. Den Reis in der Zwischenzeit nach Packungsanweisung in reichlich Salzwasser gar kochen. Den Backofen auf 180 °C Umluft vorheizen.

3. In einer kleinen Schüssel den Schmelzkäse mit der Gemüsebrühe und der Speisestärke verrühren, mit dem Limettensaft verfeinern.

4. Das Hähnchen aus der Pfanne nehmen, in Schinken einrollen und in eine Auflaufform legen. Ananas abtropfen lassen, draufgeben und mit Käse bestreuen. Die Soße über das Hähnchen gießen und ca. 15–20 Minuten backen, bis der Käse geschmolzen und das Hähnchen durch ist.

5. Dazu den Reis servieren.

Ofen-Falafeln

Nährwerte pro Portion (bei insgesamt 2 Portionen)
Kilokalorien: **448,5 kcal** | Kohlenhydrate: **56,1 g** | Eiweiß: **26,3 g** | Fett: **10,3 g**

FÜR 2–3 PORTIONEN

480 g Kichererbsen (aus der Dose)
1 weiße Zwiebel
2 Knoblauchzehen
Salz
Pfeffer
½ TL Kreuzkümmel
½ TL Koriander
2 EL gehackte Petersilie
½ TL Paprikapulver (edelsüß)
30 g Paniermehl
Saft von 1 Zitrone
10 g Olivenöl (oder noch besser Ölspray)

Für den Dip:

150 g Magerquark
gemischte, frische Kräuter (z. B. Minze, Koriander …)

1. Den Backofen auf 200 °C Umluft vorheizen. Ein Blech mit Backpapier belegen. Kichererbsen in einem Sieb abgießen und so lange mit Wasser abspülen, bis sie nicht mehr schäumen.

2. Zwiebel schälen und in feine Würfel schneiden, Knoblauch schälen und dazupressen. Gemeinsam mit den Gewürzen zu den Kichererbsen geben und alles gut pürieren. Paniermehl untermischen und mit dem Zitronensaft abschmecken.

3. Aus dem Teig mit den Händen Falafelkugeln formen und auf das Backblech legen. Die Falafeln mit etwas Öl einpinseln oder mit Ölspray besprühen und ca. 20 Minuten goldbraun backen.

4. In der Zwischenzeit Magerquark und Kräuter vermischen und zu den Falafeln servieren.

TIPP:
Dazu schmeckt Pfannenbrot. Man kann die Falafeln auch super vorbereiten und mit in die Arbeit nehmen oder für unterwegs einpacken.

Kartoffel-Spinat-Gratin

Nährwerte pro Portion (bei insgesamt 2 Portionen)
Kilokalorien: **473,5 kcal** | Kohlenhydrate: **48,1 g** | Eiweiß: **40,3 g** | Fett: **11,3 g**

FÜR 2 PORTIONEN

500 g vorwiegend festkochende Kartoffeln
250 g Blattspinat
80 ml fettarme Milch (0,3 % Fett)
50 ml Gemüsebrühe
Salz
Pfeffer
Muskatnuss
100 g magere Schinkenwürfel
1 Kugel Mozzarella light (ca. 200 g)
1 EL Schnittlauchröllchen

Auflaufform

1. Den Backofen auf 200°C Umluft vorheizen. Kartoffeln waschen, schälen und in feine Scheiben schneiden (ca. 2–3 mm dünn). Diese in einer Auflaufform nebeneinanderschichten. Den Blattspinat waschen, trocken schütteln und darauf verteilen.

2. In einer kleinen Schüssel die Milch mit der Brühe und den Gewürzen verrühren und gemeinsam mit den Schinkenwürfeln über die Kartoffeln geben.

3. Die Ofentemperatur auf 180 °C reduzieren und den Gratin ca. 30 Minuten backen. In der Zwischenzeit den Mozzarella fein zupfen. Nach 20 Minuten den Käse über das Gratin geben und weitere 10 Minuten backen.

4. Das fertigen Gratin mit Schnittlauch garnieren.

Würziger Blumenkohl

Nährwerte pro Portion (bei insgesamt 3 Portionen)
Kilokalorien: **128,9 kcal** | Kohlenhydrate: **14,5 g** | Eiweiß: **6,8 g** | Fett: **3,3 g**

FÜR 3–4 PORTIONEN

1 Blumenkohl
1 TL Kräutersalz
Pfeffer
Ölspray oder etwas Olivenöl
1 Knoblauchzehe
20 ml Honig
1 EL Hoisin-Soße
1 EL scharfe Soße (z. B. Sriracha)
1 TL Mehl
2 Frühlingszwiebeln
1 EL schwarzer Sesam

1. Den Backofen auf 200 °C Umluft vorheizen. Ein Blech mit Backpapier belegen. Den Blumenkohl waschen, putzen, den Strunk entfernen und in Röschen brechen. In eine Schüssel geben, in Kräutersalz und Pfeffer schwenken und mit Ölspray besprühen (alternativ mit etwas Olivenöl bespinseln).

2. Die Röschen auf das Blech geben und ca. 15 Minuten im Ofen garen, bis sie leicht bräunlich werden.

3. In der Zwischenzeit den Knoblauch schälen und pressen. Mit Honig, Hoisin-Soße und scharfer Soße verrühren. Die Soße 5 Minuten in einem Topf erhitzen. Das Mehl mit etwas Wasser glatt rühren, zum Binden in die Soße geben und einmal aufkochen.

4. Frühlingszwiebeln waschen, putzen und in feine Ringe schneiden. Die Blumenkohlröschen aus dem Ofen nehmen, in einer Schüssel anrichten und mit der Soße, Sesam und Frühlingszwiebel toppen.

Gefüllte Champignons

Nährwerte pro Portion (bei insgesamt 2 Portionen)
Kilokalorien: **343,8 kcal** | Kohlenhydrate: **10,0 g** | Eiweiß: **26,5 g** | Fett: **20,9 g**

FÜR 2 PORTIONEN

400 g große braune Champignons
1 kleine Zwiebel
½ Kugel Mozzarella light (100 g)
etwas Schnittlauch
200 g Crème leicht (14,5 % Fett)
60 g fettarmer Würfelschinken
italienische Kräuter (Fertigmischung)
Salz und Pfeffer

Auflaufform

1. Den Backofen auf 180 °C Ober-/Unterhitze vorheizen.
2. Pilze putzen und den Stiel entfernen. Zwiebel schälen und in kleine Würfel schneiden (ungefähr dieselbe Größe wie die Schinkenwürfel). Den Mozzarella in kleine Stücke zupfen. Schnittlauch waschen, trocken schütteln und in Röllchen schneiden.
3. In einer Schüssel Crème leicht, Schinkenwürfel, Mozzarella, Schnittlauch, Zwiebeln, Kräuter und Gewürze vermengen und die Pilze damit befüllen.
4. Die gefüllten Pilze am besten in eine Auflaufform geben, da sie Flüssigkeit verlieren. Im Backofen ca. 20 Minuten backen.

TIPP:
Dieses Gericht ist in weniger als 30 Minuten fertig und lässt sich super mit jeglichem Gemüse zubereiten (auch Zucchini, Paprikaschoten und Co. lassen sich gut befüllen).

BBQ

Herzhafter Ofen-Toast

Nährwerte pro Portion (bei insgesamt 2 Portionen)
Kilokalorien: **259,3 kcal** | Kohlenhydrate: **22,3 g** | Eiweiß: **21,1 g** | Fett: **9,2 g**

FÜR 2 PORTIONEN

4 Scheiben Toastbrot
2 EL Frischkäse Balance
2 Scheiben Kochschinken
2 Scheiben Käse light (30 % Fett)
50 g geriebener Käse light (30 % Fett)
1 mittelgroße Tomate
Salz
Pfeffer
2 Salatblätter

1. Den Backofen auf 180 °C Umluft vorheizen. Ein Blech mit Backpapier belegen.
2. Toastscheiben auf das Blech legen, 2 davon mit Frischkäse bestreichen. Je eine Scheibe Kochschinken und eine Scheibe Käse darauflegen.
3. Die anderen beiden Toastscheiben mit dem geriebenen Käse bestreuen. Den Toast nun für 8–10 Minuten in den Ofen geben, bis der Käse geschmolzen ist.
4. In der Zwischenzeit die Tomate waschen, Stielansatz entfernen und in kleine Würfel schneiden, salzen und pfeffern. Die Salatblätter waschen und trocken schleudern.
5. Wenn die Toasts aus dem Ofen kommen, die Scheiben mit Schinken und Käse mit den Tomaten und dem Salat belegen und die Scheiben mit dem geriebenen Käse als Deckel daraufsetzen.

Fruchtiger Quarkauflauf

Nährwerte pro Portion (bei insgesamt 2 Portionen)
Kilokalorien: **230,4 kcal** | Kohlenhydrate: **21,2 g** | Eiweiß: **21,1 g** | Fett: **5,9 g**

FÜR 2 PORTIONEN

2 Eier (Größe M)
25 g Weichweizengrieß
50 g Erythrit-Puder (oder 6 g Flavour-Puder)
250 g Magerquark
1 Prise Salz
125 g Blaubeeren

Auflaufform oder ofenfeste Meal-Prep-Form

1. Den Backofen auf 180 °C Umluft vorheizen.
2. Eier trennen und die Eigelbe mit Weichweizengrieß, Erythrit-Puder, Quark und Salz zu einer glatten Masse verrühren.
3. Eiweiß steif schlagen und gemeinsam mit den Blaubeeren unter die Eigelb-Quark-Masse heben. In die Form geben und ca. 25–30 Minuten goldbraun backen.

TIPP:
Dieses Rezept kann man super in ofenfesten Meal-Prep-Glasboxen zubereiten und diese dann gleich einpacken und mitnehmen!

Apfel-Karotten-Kuchen-Bowl

Nährwerte pro Portion (bei insgesamt 1 Portion)
Kilokalorien: **208,0 kcal** | Kohlenhydrate: **21,9 g** | Eiweiß: **17,5 g** | Fett: **4,7 g**

FÜR 1 PORTION

60 g Apfel
40 g Karotte
20 g Mehl
1 Prise Zimt
1 Prise Salz
4 g Backpulver
40 g Magerquark
15 g gemahlene Mandeln oder Haselnüsse
25 g Proteinpulver mit Zimtgeschmack

Für das Topping:

30 g Frischkäse Balance
½ TL Erythrit-Puder

ofenfeste Schüssel oder kleine Auflaufform

1. Den Backofen auf 180 °C Umluft vorheizen. Nach Bedarf die Schüssel oder Form einfetten. Apfel und Karotte waschen, schälen und fein raspeln.
2. Alle Zutaten in einer Schüssel gründlich vermengen. In die ofenfeste Schüssel füllen und ca. 25 Minuten backen.
3. Für das Topping den Frischkäse mit Erythrit-Puder vermischen und über die Kuchenbowl geben.

Sprite-Zero-Kuchen-Bowl

Nährwerte pro Portion (bei insgesamt 1 Portion)
Kilokalorien: **108,3 kcal** | Kohlenhydrate: **11,4 g** | Eiweiß: **14,7 g** | Fett: **0,3 g**

FÜR 1 PORTION

30 g Mehl
½ TL Cheesecake Chunky Flavour
30 g Protein-Pulver
5 g Backpulver
125 ml Sprite Zero

Für das Topping:
1 EL Erythrit-Puder
etwas Zitronensaft
ein paar bunte Streusel

ofenfeste Schüssel oder kleine Auflaufform

1. Den Backofen auf 180 °C Umluft vorheizen. Nach Bedarf die Schüssel oder Form einfetten.
2. Alle Zutaten zu einem glatten Teig verrühren und in die Schüssel geben und ca. 20 Minuten backen, bis der Kuchen innen nicht mehr flüssig ist. Dazu die Stäbchenprobe machen: Klebt an einem hineingesteckten Holzspieß kein Teig mehr, ist der Kuchen fertig.
3. In einer kleinen Schale für das Topping Erythrit-Puder mit Zitronensaft verrühren und gemeinsam mit den bunten Streuseln auf dem fertigen Kuchen verteilen.

TIPP:
Den Kuchen kann man gleich in einer ofenfesten Meal-Prep-Form backen, nach dem Auskühlen gut verschließen und z. B. mit in die Arbeit nehmen.

Apple Pie

Nährwerte pro Portion (bei insgesamt 4 Portionen)
Kilokalorien: **324,7 kcal** | Kohlenhydrate: **48,9 g** | Eiweiß: **7,2 g** | Fett: **10,7 g**

FÜR 4 PORTIONEN

Für den Boden:
2 Eier (Größe M)
40 g Erythrit-Puder
60 g Halbfettbutter
80 g Mehl
7 g Backpulver
1 EL Magerquark

Für den Belag:
1 großer, süßer Apfel
200 g Apfelmark (ohne Zuckerzusatz)
250 ml Apfeldirektsaft
etwas Zimt
1 Pck. Vanille-Puddingpulver
30 g Erythrit-Puder

Für die Creme:
70 ml Sahneersatz (Cremefine zum Aufschlagen, 19 % Fett)
100 g fettarmer griechischer Joghurt (0,3 % Fett)
6 g Flavour-Puder Vanille
etwas Zimt zum Bestreuen

Auflaufform 20 x 20 cm (am besten eine Silikonform)

1. Den Backofen auf 180 °C Umluft vorheizen. Die Form nach Bedarf einfetten.
2. Eier mit Erythrit-Puder und Butter schaumig schlagen. Die restlichen Zutaten unterheben und zu einem Teig verrühren. In die Form füllen und ca. 15 Minuten backen.
3. In der Zwischenzeit den Apfel waschen, Kerngehäuse entfernen, in kleine Stücke schneiden und gemeinsam mit Apfelmark, 200 ml Saft und Zimt zum Kochen bringen. Puddingpulver und Erythrit-Puder mit den restlichen 50 ml Saft glatt rühren. Sobald die Apfelstücke weich sind, das Puddingpulver unterrühren.
4. Die Apfelmasse auf den fertigen Kuchenboden geben und zum Abkühlen in den Kühlschrank stellen.
5. Für die Creme Sahneersatz aufschlagen und den Joghurt unterheben, mit Flavour-Puder abschmecken. Die Creme auf den Kuchen geben, sobald die Apfelpudding-Schicht etwas fester ist. Anschließend mit Zimt bestreuen und servieren.

TIPP:
Ich nehme am liebsten Silikonformen – da spare ich mir das Fett zum Einfetten. Dieses Rezept eignet sich super zum Vorbereiten.

Blueberry Muffins

Nährwerte pro Portion (bei insgesamt 10 Portionen)
Kilokalorien: **81,1 kcal** | Kohlenhydrate: **11,9 g** | Eiweiß: **4,9 g** | Fett: **1,3 g**

FÜR 10–12 STÜCK

2 Eier (Größe M)
2–3 TL Chunky Flavour Schoko
110 g Mehl
5 EL Backkakao
1 TL Backpulver
100 ml fettarme Milch (0,3 % Fett)
60 g Apfelmark

Für die Quarkfüllung:
200 g Magerquark
15 g Speisestärke
etwas Erythrit-Puder (oder Flavour-Puder)
40 g Blaubeeren

10–12 Muffinförmchen

1. Den Backofen auf 180 °C Umluft vorheizen. Eier, Chunky Flavour, Mehl, Backkakao, Backpulver, Milch und Apfelmark zu einem glatten Teig verrühren und auf die Muffinförmchen aufteilen.

2. In einer zweiten Schüssel für die Füllung den Quark mit der Speisestärke und dem Erythrit-Puder verrühren. Die Quarkcreme auf den braunen Muffinteig setzen und die Blaubeeren oben drauf geben.

3. Die Muffins ca. 20 Minuten backen, bis sie durch sind.

TIPP:
Wer kein Chunky Flavour Schoko zu Hause hat, ersetzt es durch Zuckerersatz für 150 g Zucker.

Das richtige Gefühl für Hunger und Sättigung

Hunger und Sättigung sind so ein wichtiges Thema! Das Wichtigste während einer Diät ist es, das Hunger- und Sättigungsgefühl wieder neu zu programmieren. Leider denken viele Menschen, dass man bei einer Diät weniger essen muss. Aber das stimmt nicht. Man muss das Richtige essen. Daher ist Volumen-Food etwas ganz Wichtiges, um nicht weniger zu essen, sondern ähnlich viel, nur eben andere Lebensmittel. Zum Beispiel macht ein Vollkornbrötchen mit Putenschinken, Tomate, Gurke und Salat viel länger satt als ein kleiner Hamburger von McDonalds. Es kommt also eigentlich nicht darauf an, wie viel wir essen, sondern WAS. Welche Gründe kennst du, um zu essen? Langeweile, Freude, Trauer, Kummer, eine Einladung, Höflichkeit, Müdigkeit, Lust usw. – aber nur einer ist überlebenswichtig, und zwar *der echte Hunger*. Viele Menschen müssen aber erst wieder lernen, den echten Hunger zu spüren. Denn Hunger aus Müdigkeit kann sich genauso anfühlen wie echter Hunger. Wenn der Körper müde ist, gaukelt er uns Hunger vor, damit wir etwas essen und durch die Nährstoffe Energie bekommen. Daher ist es superwichtig, auch mal in sich hineinzuhören und sich die Frage zu stellen: »Habe ich wirklich Hunger oder ist es etwas anderes?« Stell dir eine Skala von 1 bis 10 vor:

1 bedeutet »gar kein Hunger« und 10 heißt »sehr viel Hunger«

1 2 3 4 5 6 7 8 9 10

Nun kannst du, immer wenn du ein Hungergefühl verspürst, einordnen, wie viel Hunger du tatsächlich hast! Fühle genau in dich hinein, was du wirklich spürst. Ist es Kummer, Müdigkeit … oder braucht dein Körper wirklich etwas zu essen?

Erst ab einer 6 bis 7 ergibt es Sinn, etwas zu essen. Ich habe mir diese Skala als Handyhintergrund gebastelt, damit ich immer daran erinnert werde, erstmal nachzudenken, bevor ich snacke oder etwas esse.

Bei der Sättigung ist es ähnlich. Wir können uns während des Essens immer wieder mal fragen, wie satt wir gerade sind, und dabei an die Skala denken. Dazu auch gerne mal das Besteck zur Seite legen und die Verdauung einsetzen lassen. Das Sättigungsgefühl tritt meistens erst nach etwa 20 Minuten auf. TV, Handy usw. lenken uns nur davon ab, das Sättigungsgefühl wahrzunehmen. Daher ist es super wichtig – gerade, wenn dir das Abnehmen sehr wichtig ist –, in Ruhe zu essen. Durch die Ablenkung, den Überfluss und die ständige Verfügbarkeit an Essen haben viele von uns verlernt zu spüren, wann sie satt sind. Ähnlich wie beim Hungergefühl müssen wir auch hier erst mal wieder lernen zu spüren, wann wir satt sind.

Meal Prep

Tortellini-Salat

Nährwerte pro Portion (bei insgesamt 2 Portionen)
Kilokalorien: **521,5 kcal** | Kohlenhydrate: **79,6 g** | Eiweiß: **19,1 g** | Fett: **11,1 g**

FÜR 2 PORTIONEN

250 g Tortellini (aus der Frischetheke)
½ Salatgurke
1 gelbe Paprikaschote
10 Cocktailtomaten
½ Dose Mais (ca. 140 g)
5 Scheiben gekochter Schinken
3 EL Miracle Whip Balance Joghurt
100 g Frischkäse (0,2 % Fett)
italienische Kräuter (Fertigmischung)
1–2 EL Essig
Salz
Pfeffer

1. Tortellini nach Packungsanweisung in reichlich Salzwasser gar kochen. In der Zwischenzeit Gurke, Paprikaschote und Cocktailtomaten waschen, putzen und in Streifen oder Würfel schneiden. Mais in ein Sieb abgießen und abtropfen lassen. Schinken ebenfalls in Streifen schneiden.

2. Die Tortellini abgießen und kurz kalt abschrecken.

3. In einer kleinen Schüssel Miracle Whip Balance, Frischkäse, Kräuter und ein Schluck Essig zu einem Dressing verrühren. Mit Salz und Pfeffer abschmecken.

4. Das Dressing mit den Tortellini, Gemüse und Schinken vermengen und servieren.

Farfalle-Salat

Nährwerte pro Portion (bei insgesamt 2 Portionen)
Kilokalorien: **647,1 kcal** | Kohlenhydrate: **64,1 g** | Eiweiß: **42,3 g** | Fett: **23,3 g**

FÜR 2 PORTIONEN

150 g Farfalle
½ rote Zwiebel
50 g Cocktailtomaten
etwas frisches Basilikum zum Garnieren
½ Bund Rucola
30 g Pinienkerne
100 g Parmaschinken (in Scheiben)
1 Pck. Baby Mozzarella light
optional: etwas geriebener Parmesan zum Garnieren

Für das Dressing:

2 EL Aceto balsamico
1 TL Pesto
1 TL Senf
1 TL Honig
15 ml Olivenöl
Salz
Pfeffer

1. Nudeln nach Packungsanweisung in reichlich Salzwasser al dente kochen, abgießen und kalt abbrausen.

2. Zwiebel schälen und in feine Ringe schneiden. Tomaten waschen und halbieren. Basilikum waschen, trocken schütteln und klein schneiden. Rucola waschen und trocken schütteln.

3. Pinienkerne ohne Öl kurz in einer Pfanne anrösten. Schinken etwas auseinanderzupfen. Mozzarella abtropfen lassen und in Würfel schneiden.

4. Für das Dressing alle Zutaten verrühren, dabei zuletzt das Öl unterrühren und mit Salz und Pfeffer abschmecken.

5. Nudeln, Gemüse, Schinken und Mozzarella in einer großen Schüssel mit dem Dressing vermengen, die Pinienkerne darübergeben und den Salat mit Basilikum und Parmesan garnieren.

TIPP:
Am besten gleich die doppelte Menge machen, da der Salat wieder super zum »meal preppen« geeignet ist.

Wrap-Auflauf

Nährwerte pro Portion (bei insgesamt 2 Portionen)
Kilokalorien: **990,5 kcal** | Kohlenhydrate: **89,4 g** | Eiweiß: **83,4 g** | Fett: **30,7 g**

FÜR 2 PORTIONEN

1 Zwiebel
Ölspray oder Öl zum Braten
500 g mageres Rinderhackfleisch oder Tatar
Salz
Pfeffer
italienische Kräuter (Fertigmischung)
1 Knoblauchzehe
1 Karotte
1 kleine Zucchini
200 g Sellerie
300 g stückige Tomaten (aus der Dose)
150 ml Gemüsebrühe
6 Wraps
100 g geriebener Käse light (30 % Fett)

große Auflaufform

1. Den Backofen auf 180 °C Umluft vorheizen. Die Zwiebel schälen, in kleine Würfel schneiden und in der Pfanne mit etwas Ölspray glasig dünsten. Hackfleisch dazugeben, gut würzen und krümelig braten.

2. Das restliche Gemüse in der Zwischenzeit waschen, putzen, klein schneiden und mit anbraten. Mit den stückigen Tomaten ablöschen und kurz einköcheln lassen. Die Gemüsebrühe nach und nach hinzugießen und mit einkochen.

3. Eine große Auflaufform nehmen und einen großen Schöpflöffel der Hackmischung auf den Boden geben. Die Wraps mit der restlichen Hackfleisch-Füllung befüllen, Seiten einklappen und wie eine Kohlroulade einrollen. Die eingerollten Wraps nebeneinander in die Auflaufform geben, Käse drüberstreuen und etwa 20 Minuten goldbraun backen.

TIPP:
Ich verwende zum Anbraten gerne Ölspray, weil das nur 2 bis 5 kcal hat. Wer kein Ölspray hat, nimmt ganz wenig neutrales Öl zum Braten.

Gyros-Auflauf

Nährwerte pro Portion (bei insgesamt 2 Portionen)
Kilokalorien: **687,8 kcal** | Kohlenhydrate: **47,4 g** | Eiweiß: **68,3 g** | Fett: **22,7 g**

FÜR 2–3 PORTIONEN

500 g Hähnchenbrustfilet
Gyrosgewürz
etwas Öl nach Bedarf
250 g Spätzle (aus der Frischetheke)
Ölspray oder Öl zum Braten
2 Zwiebeln
1 rote Paprikaschote
250 ml Sahneersatz (Cremefine, 7 % Fett)
Paprikapulver (edelsüß)
Salz
Pfeffer
40 g geriebener Käse light (30 % Fett)

Auflaufform

1. Den Backofen auf 180 °C Ober-/Unterhitze vorheizen. Das Hähnchenfleisch waschen, trocken tupfen, in kleine mundgerechte Stücke schneiden und mit dem Gyrosgewürz und, wenn nötig, mit Öl marinieren.

2. Die Spätzle nach Packungsanweisung zubereiten und das Fleisch parallel dazu in einer Pfanne mit etwas Ölspray anbraten.

3. Zwiebeln schälen und in feine Ringe schneiden. Paprikaschote waschen, entkernen und in dünne Streifen schneiden. Beides für etwa 5 Minuten zum Fleisch geben und kurz mitbraten.

4. Für die Soße Sahneersatz mit den Gewürzen verrühren.

5. Spätzle, Fleisch und Soße in eine Auflaufform geben und mit Käse bestreuen. Etwa 15 Minuten goldbraun überbacken.

Apfel-Zimt-Brot

Nährwerte pro Scheibe (bei insgesamt 12 Scheiben)
Kilokalorien: **137,4 kcal** | Kohlenhydrate: **16,3 g** | Eiweiß: **8,5 g** | Fett: **3,6 g**

FÜR 1 BROT / 12 SCHEIBEN

400 g Äpfel
4 Eier (Größe M)
500 g Magerquark
30 g Erythrit-Puder
150 g Dinkelmehl
20 g Flohsamenschalen
30 g gemahlene Mandeln
1 Pck. Backpulver
1 EL Zimt

Kastenform (26 cm Länge)

1. Den Backofen auf 200 °C Ober-/Unterhitze vorheizen. Die Äpfel waschen, schälen und fein raspeln.
2. Eier, Quark und Erythrit-Puder schaumig schlagen. Die trockenen Zutaten vermischen und langsam zum Quark-Eier-Gemisch geben und unterrühren. Zum Schluss die Äpfel unterheben.
3. Die Kastenform mit Backpapier auslegen und den Teig hineingeben. Die Ofentemperatur auf 180 °C reduzieren. Das Brot 40 bis 45 Minuten backen.

TIPP:
Das Brot braucht zwar etwas länger, bis es fertig ist, lässt sich dafür aber perfekt vorbereiten.

Runde Apfeltaschen

Nährwerte pro Stück (bei insgesamt 6 Stück)
Kilokalorien: **200,8 kcal** | Kohlenhydrate: **23,9 g** | Eiweiß: **3,6 g** | Fett: **9,9 g**

FÜR 5–8 STÜCK
200 g Äpfel
10 g Butter
etwas Zimt
6 g Chunky Flavour
1 EL Speisestärke
1 Pck. Blätterteig light
1 Eigelb zum Bestreichen

1. Den Backofen auf 180 °C Umluft vorheizen und ein Blech mit Backpapier belegen. Äpfel waschen, Kerngehäuse entfernen und in kleine Würfel schneiden. In einem kleinen Topf mit Butter, Zimt und Chunky Flavour karamellisieren. Die Speisestärke in Wasser auflösen und mit dazugeben.

2. Aus dem Blätterteig Kreise ausstechen. Auf die Hälfte der Kreise die Apfelmasse in die Mitte geben, einen zweiten Kreis als Deckel darauflegen, gut andrücken und ein X mit einem Messer rein ritzen.

3. Die Apfeltaschen auf das Blech setzen und den Deckel mit dem Eigelb bestreichen. Im Backofen ca. 15 Minuten goldbraun backen.

Mini-Mohn-Oats

Nährwerte pro Portion (bei insgesamt 2 Portionen)
Kilokalorien: **375,3 kcal** | Kohlenhydrate: **51,2 g** | Eiweiß: **18,0 g** | Fett: **9,5 g**

FÜR 2 PORTIONEN

2 reife Bananen
150 g Skyr
100 g Haferflocken
20 g Mohn
4 g Backpulver
Ölspray oder Öl zum Braten

Für das Topping:

Puderzucker zum Bestäuben
etwas Obst (z. B. Blaubeeren)
100 g Vanillepudding (z. B. High Protein Ehrmann)

1. Bananen schälen und mit einer Gabel zerdrücken. Mit den restlichen Zutaten verrühren.
2. Kleine Häufchen in eine gut beschichtete Pfanne setzen und mit Ölspray von beiden Seiten gut anbraten, bis sie durch sind.
3. Mit etwas Puderzucker bestäuben und mit Vanillepudding und Obst servieren.

TIPP:
Die Mohn-Oats kann man super in die Brotzeitbox packen und mit in die Arbeit nehmen.

Himbeer-Swirl

Nährwerte pro Portion (bei insgesamt 2 Portionen)
Kilokalorien: **252,1 kcal** | Kohlenhydrate: **27,2 g** | Eiweiß: **21,2 g** | Fett: **5,9 g**

FÜR 2 PORTIONEN

2 Eier (Größe M)
50 g Erythrit-Puder (oder 6 g Flavour-Puder)
250 g Magerquark
30 g Maisgrieß (Polenta)
20 g Vanille-Puddingpulver
60 g Himbeeren (frisch oder aufgetaute TK-Ware)
optional: Puderzucker zum Garnieren

ofenfeste Meal-Prep-Glasform, ca. 26 cm lang

1. Eier trennen und das Eiweiß steif schlagen.
2. Eigelbe mit dem Erythrit-Puder schaumig rühren und Quark, Maisgrieß und Puddingpulver dazugeben. Eischnee vorsichtig unterheben.
3. Alles in eine kleine Meal-Prep-Glasform geben, Himbeeren draufgeben, leicht andrücken und etwa 20 Minuten bei 180 °C Umluft backen.
4. Vor dem Servieren mit Puderzucker bestäuben.

Cheesecake-Törtchen mit Marmelade

Nährwerte pro Portion (bei insgesamt 8 Portionen)
Kilokalorien: **141,8 kcal** | Kohlenhydrate: **13,7 g** | Eiweiß: **9,3 g** | Fett: **5,3 g**

FÜR 6–8 TÖRTCHEN

100 g zuckerfreie Kekse (z. B. Leibniz Butterkeks 30 % weniger Zucker)
2 Eier (Größe M)
130 g Erythrit-Puder (oder 1–2 TL Flavour-Puder)
250 g Magerquark
250 g Frischkäse (0,2 % Fett)
20 g Puddingpulver
100 ml Sahneersatz (Cremefine zum Aufschlagen, 19 % Fett)

Für die Deko:
Marmeladen und Früchte (z. B. Johannisbeeren, Kirschen, Himbeeren, essbare Blüten etc.)

Muffinförmchen

1. Backofen auf 180 °C Ober-/Unterhitze vorheizen. Die Muffinförmchen nach Bedarf einfetten.
2. Die Kekse in einem Küchengerät klein hacken (oder in einen Gefrierbeutel geben, gut verschließen und mit einem Nudelholz zerkleinern).
3. Eier und Erythrit-Puder schaumig rühren, die restlichen Zutaten (außer die Kekse) hinzugeben und zu einer glatten Masse verarbeiten.
4. Die Keksbrösel gleichmäßig in die Förmchen geben und die Quarkmasse darauf verteilen.
5. Die Cheesecake-Muffins etwa 20 Minuten backen. Etwas abkühlen lassen und nach Belieben mit Marmelade und Obst garnieren.

Raffaello-Frozen-Bites

Nährwerte pro Portion (bei insgesamt 2 Portionen)
Kilokalorien: **156,8 kcal** | Kohlenhydrate: **7,8 g** | Eiweiß: **8,4 g** | Fett: **10,1 g**

FÜR 2 PORTIONEN

100 g griechischer Joghurt
100 g Magerquark
1 TL Kokosflocken
70 g Erythrit-Puder (oder 6 g Flavour-Puder)
2 Raffaellos

1. Joghurt mit Magerquak, Kokosflocken und Erythrit-Puder verrühren. Die Masse auf einem Backpapier verstreichen.
2. Raffaellos darauf bröseln und für 2–3 Stunden in das Gefrierfach stellen.

White Chocolate Nice Cream

Nährwerte pro Portion (bei insgesamt 2 Portionen)
Kilokalorien: **300,1 kcal** | Kohlenhydrate: **26,5 g** | Eiweiß: **10,6 g** | Fett: **15,9 g**

FÜR 2 PORTIONEN

2 Bananen
15 g weiße Schokolade
70 g fettarmer griechischer Joghurt (0,3 % Fett)
1 EL Erdnüsse
2 EL weiße Crispkugeln

1. Die Banane schälen und in einem Gefrierbeutel ca. 4 Stunden einfrieren.
2. Die weiße Schokolade kurz in der Mikrowelle schmelzen.
3. Die eingefrorene Banane mit dem griechischen Joghurt zu einer Nice Cream pürieren und mit Erdnüssen und weißen Crisps toppen – die weiße Schokolade darauf verteilen.

Wie halte ich mein Gewicht?

Ans Ende dieses Buch stelle ich jetzt eine superwichtige Frage, die mich auch über Instagram immer wieder erreicht. Du hast es geschafft, abzunehmen und ein Zielgewicht zu erreichen – und nun? Wie hält man sein Wunschgewicht?

Wenn du dein Gewicht halten willst, ist es wichtig, dass dir deine neuen Gewohnheiten mittlerweile zur Routine geworden sind. Es sollte für dich keine Anstrengung mehr sein, deinen neuen Lebensstil zu führen. Denk auch daran, was wir am Anfang des Buches gesagt haben: Dein Ziel ist es nicht nur, abzunehmen, sondern die beste Version deiner Selbst zu werden. Im Laufe deines Abnehmwegs bist du dieser Vorstellung sicher schon viel näher gekommen – dann fällt es dir bestimmt leichter, deinen neuen Lebensstil beizubehalten.

Am Anfang ergibt es Sinn, weiterhin die Kalorien zu notieren, aber das Kaloriendefizit langsam zu verringern. Wenn du z. B. 500 kcal als Defizit hattest, erhöhe deine Kalorienaufnahme um 300 kcal. Beobachte dein Gewicht. Wenn dein Gewicht nach einer Woche noch etwas weiter runtergegangen ist, erhöhe die Aufnahme wieder um 300 kcal. Das machst du so lange, bis dein Gewicht stagniert.

Jetzt wiegst du dich 3 Wochen nicht mehr. Nach den 3 Wochen machst du nur noch Stichproben. Dabei sind Gewichtsschwankungen von 2 kg ganz normal! Gerade bei uns Frauen spielt der Zyklus auch eine entscheidende Rolle. Lege dir ein Gewicht fest, welches dein Grenzgewicht markiert. Solltest du an diese Grenze kommen, heißt es wieder Kalorien zählen und Gewohnheiten überprüfen und ggf. überdenken. Nach einer Weile hast du sicher selbst gut im Gefühl, wie du dein Gewicht halten kannst.